身边的统计学

AI时代的统计思维普及课

张淼◎著

清华大学出版社

北京

内 容 简 介

本书是一本统计学科普读物，引入人们身边的多个趣味故事，将统计学看似复杂的知识用通俗易懂的方式呈现，让没有任何基础的读者也能轻松理解。本书从统计学的基础知识讲起，结合多个生活中的故事带领读者学习统计学的核心知识，并展望其在新时代背景下的特征和前景，从而让读者建立初步的统计思维，并用其判断和分析实际问题。通过阅读本书，读者会发现统计学其实距离人们并不遥远，也没有那么难，它与人们的日常生活息息相关。

本书共9章，分为3篇。第1篇基础知识，涵盖的主要内容有统计学简介、数据的基本特征、样本及其可能存在的问题等；第2篇统计分析实践，涵盖的主要内容有常用描述性统计分析方法、假设检验的基本步骤、推断性统计预测、统计决策的注意事项等；第3篇前景展望，涵盖的主要内容有大数据技术赋能后和智能化应用场景下的统计学展望以及统计预测等。

本书故事丰富，趣味性强，代入感强，特别适合没有任何基础的统计学初学者阅读，也适合各行各业想建立基本统计思维的人及数据分析爱好者阅读，还适合作为统计学科普读物供相关爱好者阅读。

版权所有，侵权必究。举报：010-62782989，beiqinquan@tup.tsinghua.edu.cn。

图书在版编目（CIP）数据

身边的统计学：AI时代的统计思维普及课 / 张淼著 . -- 北京：清华大学出版社，2025.1. -- ISBN 978-7-302-68148-9

Ⅰ . C8-49

中国国家版本馆 CIP 数据核字第 20250J8L88 号

责任编辑：王中英
封面设计：欧振旭
责任校对：徐俊伟
责任印制：杨　艳

出版发行：清华大学出版社
　　　　　网　　址：https://www.tup.com.cn，https://www.wqxuetang.com
　　　　　地　　址：北京清华大学学研大厦 A 座　　邮　　编：100084
　　　　　社 总 机：010-83470000　　　　　　　　邮　　购：010-62786544
　　　　　投稿与读者服务：010-62776969，c-service@tup.tsinghua.edu.cn
　　　　　质量反馈：010-62772015，zhiliang@tup.tsinghua.edu.cn
印 装 者：小森印刷霸州有限公司
经　　销：全国新华书店
开　　本：170mm×230mm　　　印　张：14.25　　　字　数：216 千字
版　　次：2025 年 3 月第 1 版　　　　　　　　　　印　次：2025 年 3 月第 1 次印刷
定　　价：69.80 元

产品编号：108445-01

前 言

统计学是应用非常广泛的一门科学,从科学研究到商业决策再到政策制定都离不开统计学。它就像人们理解和解决现实世界问题的一把钥匙,不可或缺。如今,即便科技不断取得新的突破,人们依然离不开传统的统计学方法和原则,更离不开统计学这个基础工具。可以说,统计学永不过时,统计学的灵魂——统计思维永不过时!

在这个智能化时代,数据是决策的关键因素之一。如何科学地获取、分析和使用数据,如何发现和评估有价值的信息以及推估未知的事物已经成为一个人的关键竞争力。掌握统计学的人拥有一套和大多数人看待问题和解决问题不同的思维模式,他们可以更好地应对智能化时代带来的挑战和机遇。

实际上,统计学与普通人的生活和工作也息息相关。上学期间,笔者努力拿到了"统计学"这门课程的好成绩,可是工作几年之后,笔者对统计学的记忆竟然所剩无几,在做具体的分析与预测时,还需要时不时地翻看原来的教科书。笔者思索后发现,自己在学校时学习统计学的方法主要是记公式和解题,考试取得高分很容易,但如果不常使用统计学知识,就很容易忘记。

对此,笔者不禁感叹:在应用实践中学习是何等的重要!掌握一种思维方式又是何等的重要!相信身边的很多人和笔者一样,也会有一样的经历和感触。因此,笔者打算写本书,来帮助不了解统计学和不具备统计思维的人认识这门科学,从而具备基本的统计思维,让自己在生活和工作中更加游刃有余。

本书从人们身边简单有趣的故事出发，将统计学与实际应用联系起来挖掘它们之间的密切关系，以便从统计学的角度来看待世界上的各种事和现象。本书将统计学应用于生活中的各种具体场景来解决碰到的各种问题，相信能给读者带来启发和乐趣，促使他们更加深入地了解统计学的价值和意义，从而更好地掌握这个有用的工具。笔者相信，通过阅读本书读者可以更加形象地理解统计学的核心概念，掌握统计学的各种方法，从而更有针对性地建立自己的统计思维。

本书特色

- **简单易懂**：并非教科书式的说教，而是普及统计学常识，阅读起来非常容易，几乎可以让人人都能了解统计学的基本知识；
- **门槛很低**：不涉及公式，也没有变量计算，学习门槛很低，适合阅读的群体很广，只要读者具备基本的数理知识即可轻松阅读；
- **趣味性强**：引入多个与人们生活和工作息息相关的统计学案例，阅读起来引人入胜，妙趣横生，让读者在轻松愉悦中进行学习；
- **启发性强**：精心挑选多个古今中外的趣味故事，将统计学知识融入其中，突出统计学实践中的矛盾和冲突，引发读者的思考和共鸣，激发他们发现和解决问题的好奇心；
- **注重批判性思维**：重在阐述统计问题的思考过程和解决方法，引导读者在阅读中厘清解决问题的思路和方法，从而培养他们用批判性思维看待数据和统计方法；
- **融入前沿科技**：关注统计学融合大数据和人工智能技术的发展趋势，展现统计学在 AI 时代解决工作和生活中的实际问题的强大力量。

本书内容

本书从统计学的基础知识讲起，逐步深入实战，并展望其在新时代背景下的发展趋势和前景，重点强调要使用统计学的思维进行实际判断和分辨。本书共 9 章，分为 3 篇：基础知识、统计分析实践、前景展望。

第 1 篇　基础知识

本篇涵盖第 1～3 章，主要介绍统计学这个强大的工具对于数据世界的重要性。第 1 章介绍如何客观地了解自己的言行，保持自己的身心健康，看清事物和现象的真相，评估新观点和新结论的可信度等。第 2 章介绍统计数据的来源、分类、定性和定量等基本特征，并指出数据内容质量与安全的重要性，以便人们更好地理解统计数据的本质和规律。第 3 章讲述几个关于样本及其发生问题的趣味故事，例如特例带来的挑战、小样本研究的缺陷、样本选取的偏差等容易令人迷惑的问题。

第 2 篇　统计分析实践

本篇涵盖第 4～6 章，重点介绍主要的统计分析方法、假设检验的基本步骤、基于统计作决策时的注意事项等。第 4 章介绍常用的描述性统计分析方法，如众数、中位数、平均数、几何平均数、标准差等，以及著名的辛普森悖论、相关性分析、正态分布和因子分析等。第 5 章介绍数据检验，重点介绍显著检验的方法与步骤。第 6 章指出在进行决策时可能会遭遇故意美化结果、技巧性地描述数据、夸张地显示图表、掩盖统计口径、忽略基数差异等种种"把戏"。

第 3 篇　前景展望

本篇涵盖第 7～9 章，主要介绍推断性统计预测、大数据技术赋能后的统计学、智能化应用场景下的统计学展望等内容。第 7 章介绍大数据的统计新思维，强调大数据"垃圾进入/垃圾输出"的特征，同时提醒读者不要过度依赖大数据，以及不被数据算法控制。第 8 章主要探讨统计学和人工智能之间的异同，强调统计学在人工智能发展中的基础核心地位。第 9 章展现生活中经常发生的几个预测场景及简单的预测方法，例如回归分析预测法和时间序列预测法等。

读者对象

- 零基础的统计学入门人员；
- 各大院校学习统计学的学生；
- 刚进入职场的初级数据分析师；
- 对统计学感兴趣的其他人。

致谢

感谢清华大学出版社所有参与本书出版的工作人员！你们的专业素养和对工作的精益求精让本书的质量得到了很大的提升。

感谢本书读者！本书因你们而有价值，希望你们能从中获得有用的知识。

售后支持

由于笔者的水平所限，书中可能还存在疏漏与不足之处，敬请各位读者不吝指正。在阅读本书时如果有疑问，可以发送电子邮件到 bookservice2008@163.com 以获得帮助。

张淼

2025 年 1 月

目录

第1篇 基础知识

第1章 懂点统计学,能更明事理 / 002

1.1 引言 / 002
1.2 有助于正确地了解自己 / 004
1.3 误用统计学方法可能造成伤害 / 005
1.4 让你的行为合理地谨慎 / 008
1.5 揭开谜团,发掘真相 / 011
1.6 看清真相,防止被蒙 / 012
1.7 同样的数据,不同的结论 / 013

第2章 认识统计数据的各种特征 / 016

2.1 迷人的数据无处不在 / 017
    2.1.1 数据是推动创新的一股力量 / 017
    2.1.2 数据是发掘真相的一把钥匙 / 018
    2.1.3 数据是探索未知奥秘的导航 / 018

2.2 多种多样的来源 / 019

2.3 初探数据的特征 / 020
    2.3.1 数据分类 / 021
    2.3.2 能表述性质的数据 / 022
    2.3.3 有数量意义的数据 / 022
    2.3.4 定量数据与定性数据的关系 / 024

2.4 数据的内容质量 / 025
    2.4.1 数据是否真实 / 025

  2.4.2 数据是否准确 / 026

  2.4.3 与目标是否相关 / 027

2.5 数据的安全隐患 / 028

2.6 数据的使用与分析 / 030

第 3 章 弄清楚可能存在的样本问题 / 032

3.1 吸烟 30 年的他为何身体超级棒 / 032

  3.1.1 吸烟又健康的王爷爷 / 032

  3.1.2 一般性结果不排除有特例 / 034

  3.1.3 全方位考察一下特例 / 035

  3.1.4 需要怎样检验特例 / 037

3.2 你相信吃巧克力能减肥吗 / 038

  3.2.1 感觉反常识吗 / 039

  3.2.2 风靡全球的报道 / 040

  3.2.3 使用化名的作者 / 040

  3.2.4 研究过程是这样的 / 041

  3.2.5 问题出在哪里 / 042

  3.2.6 类似的形形色色的研究 / 043

  3.2.7 警惕那些小样本研究 / 045

  3.2.8 警惕只说结论的新奇观点 / 046

3.3 到底能不能"开灯睡觉" / 047

  3.3.1 媒体说的好可怕 / 047

  3.3.2 那个统计靠谱吗 / 048

  3.3.3 追根溯源看一看 / 049

  3.3.4 样本好像不对劲儿 / 050

  3.3.5 原作者也承认样本有问题 / 051

  3.3.6 证据无效，晚上睡觉踏实了 / 052

3.4 哪里安装钢板能降低飞机被击落的概率 / 052

  3.4.1 哪些部位更脆弱 / 053

    3.4.2 关于选取样本和推论的不同声音 / 055

    3.4.3 有偏差的样本会导致错误的结论 / 056

  3.5 样本越多越准确吗 / 057

    3.5.1 用 200 多万的样本量，预测结果怎么失败了 / 057

    3.5.2 便利性样本自然导致有偏差的结果 / 059

    3.5.3 网络时代就能充分覆盖全部目标人群了吗 / 060

    3.5.4 Z 时代样本对象选多了吗 / 061

  3.6 小结：看穿样本 / 064

第 2 篇　统计分析实践

第 4 章　看透用什么方法分析数据 / 066

  4.1 京港澳少年儿童绘画大赛为什么通过投票评比 / 067

    4.1.1 投票结果决定是否获胜 / 068

    4.1.2 喜欢猫咪的人多还是喜欢狗狗的人多 / 069

  4.2 新冠病毒的潜伏期究竟是 14 天还是 24 天 / 070

    4.2.1 什么是中位数 / 072

    4.2.2 如何使用中位数 / 073

  4.3 为什么拖后腿的总是我 / 073

    4.3.1 你的工资被入统了吗 / 074

    4.3.2 使用了什么样的工资统计口径 / 076

    4.3.3 谁说平均工资是大多数人的工资 / 077

    4.3.4 谁拉高了普通人的平均工资 / 077

    4.3.5 求职时别被平均薪酬忽悠了 / 079

    4.3.6 再看到平均数先要扪心三问 / 080

  4.4 平均年增长率怎么计算更合适 / 081

    4.4.1 更符合实际的均值计算方法 / 083

    4.4.2 买基金，看清收益率 / 083

  4.5 想要的究竟是稳定还是刺激 / 084

    4.5.1 如何才能找个更准点到达的公交车 / 084

        4.5.2　哪位同学更可能逆袭考上重点高校 / 087
　　4.6　哪位学生候选人的支持率更高 / 088
        4.6.1　美国的学校录取新生存在性别歧视吗 / 091
        4.6.2　辛普森悖论现象是如何发生的 / 093
        4.6.3　如何才能避免出现辛普森悖论 / 094
　　4.7　冰淇淋会导致犯罪？这纯属巧合 / 095
        4.7.1　存在相关性，但违背常识 / 095
        4.7.2　不卖冰淇淋就没有犯罪了吗 / 096
        4.7.3　什么是相关性分析 / 097
        4.7.4　小明外出与手机使用时间的关系 / 098
　　4.8　国内最安逸城市排名遭质疑 / 099
        4.8.1　数据能够支持结论吗 / 100
        4.8.2　数据之间的差距显著吗 / 101
　　4.9　生活中常遵循的钟形分布曲线 / 102
        4.9.1　股市只有 5% 的人赚钱 / 103
        4.9.2　身高的正态分布 / 105
        4.9.3　选择吃什么晚餐 / 105
        4.9.4　考试成绩分布 / 106
        4.9.5　小结 / 107
　　4.10　英语学得好的人为什么法语和西班牙语也学得好 / 107
        4.10.1　语言学习者的特征 / 108
        4.10.2　制订个性化英语学习方案 / 109
        4.10.3　学霸为什么门门功课得 A / 110
        4.10.4　足球踢得好，打篮球也不差 / 112

第 5 章　别忘了要进行数据检验 / 114

　　5.1　做奶茶先放奶还是先放茶 / 114
        5.1.1　奶茶味道的测试检验 / 115
        5.1.2　为什么要喝 8 杯奶茶 / 116

5.1.3　怎么知道不是瞎猜的 / 117
　　　5.1.4　品茶能力的显著检验 / 119
　5.2　男生比女生数学成绩更好吗 / 119
　　　5.2.1　数学成绩引发的性别困惑 / 119
　　　5.2.2　关于男女成绩的假设检验 / 120
　　　5.2.3　p 值不代表成绩差异的大小 / 121
　　　5.2.4　假设检验是必不可少的 / 122
　5.3　智能手表电池续航时间像宣传的那么长吗 / 123
　5.4　打不打疫苗被感染的概率问题 / 124
　　　5.4.1　打不打疫苗感染的概率一样 / 125
　　　5.4.2　新疫苗产品的有效性检验 / 126
　　　5.4.3　辉瑞疫苗的保护率解读 / 127

第 6 章　谨慎使用统计结果作决策 / 129

　6.1　看着好看的统计结果 / 129
　　　6.1.1　有技巧地描述数据 / 130
　　　6.1.2　投资回报率同比增长 200% / 132
　　　6.1.3　价格上涨幅度大吗 / 132
　　　6.1.4　图表显示变化很大 / 133
　　　6.1.5　结语 / 137
　6.2　被统计数据误导的决策 / 137
　　　6.2.1　就诊时间怎么增加了 / 137
　　　6.2.2　减少促销合适吗 / 139
　6.3　统计口径谎言——两个第一 / 140
　　　6.3.1　谁才是第一名 / 140
　　　6.3.2　两个第一不奇怪 / 143
　6.4　忽略基数规模差异的把戏 / 145
　　　6.4.1　哪个品牌的电动车更加可靠 / 145
　　　6.4.2　投诉率高的产品一定差吗 / 147

6.4.3 仅比较增长率是不客观的 / 149

第 3 篇 前景展望

第 7 章 基于大数据技术赋能的统计学 / 154

7.1 大数据的威力 / 154
 7.1.1 大数据的新特征 / 155
 7.1.2 大数据分析的高速度 / 156
 7.1.3 大数据的统计新思路 / 157

7.2 大数据预测 / 158
 7.2.1 谷歌流感趋势预测——大数据预测是可行的 / 159
 7.2.2 数据量大不等于完整——也可能存在系统误差陷阱 / 160
 7.2.3 利用相关数据预测应小心陷阱 / 162

7.3 大数据也会"垃圾进入/垃圾输出" / 164
 7.3.1 不要过度依赖大数据 / 164
 7.3.2 大数据清洗非常重要 / 165

7.4 不被数据算法控制而变"疯魔" / 168
 7.4.1 那是算法陷阱惹的祸 / 168
 7.4.2 信息茧房是怎么建成的 / 170
 7.4.3 算法偏差和算法歧视 / 172
 7.4.4 如何挣脱数据算法的控制 / 174

第 8 章 基于智能化应用场景的统计学 / 176

8.1 学哪个专业未来更有前途 / 176
8.2 探索两个学科的起源 / 178
8.3 人工智能的本质是精装版的统计学吗 / 179
8.4 数据是统计学和人工智能的共同基础 / 181
8.5 人工智能比统计学使用的数据更丰富 / 183
8.6 统计学与人工智能之间相距千万里 / 184
8.7 统计学与人工智能使用数据的方式不同 / 186

8.8 人工智能专业为什么要学好统计学 / 188

第 9 章 统计预测照亮未来之路 / 191

9.1 生活中时常发生预测 / 191

9.2 父母身材高,孩子以后会长多高 / 193

9.3 受教育程度不同,未来的收入差多少 / 195

  9.3.1 多读一年书到底能带来多少收入 / 195

  9.3.2 高学历必然得到高工资吗 / 198

  9.3.3 历史可能会重演 / 201

9.4 哪年是毕业生最难的就业季 / 202

9.5 篮球得分预测需要不断地调整 / 205

9.6 人工智能技术使统计预测更准吗 / 206

  9.6.1 将曾经的不可能变为可能 / 206

  9.6.2 大数据助力现代预测 / 210

  9.6.3 人工干预相对少 / 211

  9.6.4 始终保持批判性 / 211

第1篇

基础知识

第1章　懂点统计学，能更明事理
第2章　认识统计数据的各种特征
第3章　弄清楚可能存在的样本问题

第1章
懂点统计学，能更明事理

1.1 引　　言

在终极的分析中，一切知识都是历史；
在抽象的意义下，一切科学都是数学；
在理性的世界里，所有的判断都是统计学。①

——C. R. Rao

C. R. Rao 是美国科学院院士、英国皇家统计学会会员，也是当代最伟大的统计学家之一。他获得过包括美国统计协会、英国皇家统计学会和印度科学院的 10 余项重大统计学大奖。Rao 教授的一生不仅研究统计学，而且结交了皮尔逊（Pearson）、费希尔（Fisher）等统计学家，也经历了大数据和人工智能。

统计学（Statistics）是一门收集、处理、分析、解释数据并从数据中得出结论的科学。

从上面的这个定义可以看出，统计学离不开数据。

如果把统计学比作一栋高楼大厦，那么数据就相当于这座大厦的砖、瓦、泥土等建筑原材料。仅有一堆堆杂乱无章的砖、瓦、泥土，人类是不可能在里面长

---

① "一个活着的传奇"逝世，他一生就是统计学的一百年 | 纪念著名统计学家 Rao[EB/OL]. [2023-08-24]. https://www.thepaper.cn/newsDetail_forward_24348221.

期居住的；从泥土到房子，中间的距离毕竟还有十万八千里。泥土虽然不是房子的一切，但是如果没有泥土，高楼大厦只能是空中楼阁。同样的道理，数据不能说明一切，但没有数据的统计学却什么都不能说明。

这里需要注意：数据和数字不是一回事。

数字是一种用来表示数目的书写符号。数字是人们在生产和实践中逐步创造出来的一种计数方式，通常用特定的符号来书写，如0、1、2、…、9就是数字符号。

数字分为好几种，有阿拉伯数字、罗马数字、中文数字等。在统计学中，通常使用的是阿拉伯数字。阿拉伯数字是最普遍使用的一种数字。阿拉伯数字并不是阿拉伯人发明的，而是印度人发明的，只是先传播到阿拉伯，然后传向世界的，所以称之为"阿拉伯数字"。

那么，什么是数据（data）呢？

数据是事实或观察的结果，是对客观事物的逻辑归纳，是用于表示客观事物未经加工的原始素材。数据可以是连续的值，如声音、图像，称为模拟数据；也可以是离散的，如符号、文字，称为数字数据。在计算机系统中，数据以二进制信息单元0或1的形式表示。

世界上所有的语言、声音、书籍、科学论文、新闻、维基百科、公开代码，以及互联网的大部分其他内容，都可以通过技术进行数字化。一连串由不同规则组织起来的数字形成了数据。数据是统计学兴盛发展的血液。

统计学是对一系列由数字组成的数据进行分析和加工统计的一门科学。这里说的分析加工统计，既可以是简单的一加一等于二，也可以是发现这些数字记录的特征情况，也可以是根据过去或现在的数字记录来推测未来可能发生的状况。

我们生活的世界积累了各种各样的知识，这些知识无论是历史的，还是现在的或未来的，都可以用统计学这个工具来判断和甄别。所以说，懂得统计学，仿佛为我们打开了一扇看清世界真相的窗户。

1.2　有助于正确地了解自己

人们对新鲜事物或者第一次接触的事情常常会感到莫名地不适应、不舒服，感到害怕，甚至会感到生气、愤怒。

其实，这些行为都是不明白事理的表现。要想明白事理，其中一个解决办法就是多学习、多读书，以此来增长自己的见识，这样才能明白和理解事物现象背后的道理和规律，以免被他人蒙骗。

统计学的相关知识是增加我们明事、明理的有效途径之一。

统计学离我们的生活并不遥远，它隐藏在我们日常生活的方方面面。很多时候，我们可以利用统计学理解一些生活中的现象或者解决一些小问题。

例如，我们对考试都不陌生，从上学起，我们就经历了无数次大大小小的考试。考试虽然不是挑选人才的唯一途径，但是却具有选拔人才的参考价值。

如果我们足够细心，就会发现这样一个现象：一个班级某次考试的满分是100的话，成绩通常的分布情况是：获得90分以上的人数很少，获得60分以下（不及格）的人数也很少，多数学生的成绩是60～90分之间的中等成绩。

如果某次考试一个班级有一半以上的学生的成绩都在90分以上，那么你先不要高兴得太早，可能不是因为你的学习突然变得优秀了，而是因为这次考试的题目出得太简单了；如果某次考试一个班级的成绩有一半以上都不及格，那么你也不用沮丧，更不要对自己失去信心，这可能不是因为你学得不好，而是因为这次题目出得太难了。总之，就是考试题目出了问题，与考生的实际水平无关。

为什么这么说呢？

日常生活中，好多事情都遵从正态分布的规律。在正常情况下，一个班级的考试成绩符合正态分布规律，也就是中等成绩的人占多数，特别优秀或特别差的人占少数。如果一个班级的考试成绩偏离了这个分布特征，那么这样的考试对检验学生的学习水平没有意义，也没有参考价值。

这是不是很有趣啊？！

1.3　误用统计学方法可能造成伤害

对于统计学知识,我们应该全面、深刻地理解和正确应用。如果一知半解,有时候可能会令人身心沮丧、疲惫,甚至可能会影响到个人成长。

小明今年高三,最近的压力非常大。

这份压力,不是来自小明自身的学习不努力或学习成绩不优秀,而是来自他过于优秀的父母和过于优秀的家庭。

小明的父母都是国内名校毕业:父亲是清华大学材料系本硕博,母亲是北京大学社会学系本硕。小明家中还有一位年纪大他三岁的姐姐,前年已经考上了香港大学,也是名校。

如今,小明面临着高考,在潜意识里,他认为自己有能力也应该考上名校,否则,就算考上中流的985高校,也是拉低了这个"家庭"的学历和家族智商,会让父母乃至整个家庭丢脸。

他的内心每天都在受煎熬,在能够考上名校与不能考上名校之间来回徘徊,造成了非常大的心理压力。

小明曾经听说过,一个家族的智商符合均值回归的规律。所谓的均值回归现象,意思是说,如果父母的智商高于平均值,那么他们的子女有一半的概率会回归到均值水平。考虑到这个统计规律,小明对自己上名校这件事更没有信心了。

原因在于,小明考虑到自己的父母和姐姐都那么优秀,一个家庭中已经有四分之三的成员在平均线之上,那么自己极有可能会变成普通人,落到平均线以下,因此他预计自己极有可能考不上像清华、北大这样的国内名校。

小明的担心有道理吗?

当然是有道理的。均值回归的规律在现实中确实是存在的。父母考上名校,孩子未必一定也能考上名校。学霸们的后代不如学霸绝对是个大概率事件,比父母强才是小概率。

有的父母自己已经跨越过名校大门,也强迫孩子必须有个"名校梦",平日里还会有意或无意地在孩子面前进行暗示，念叨着：能在一个充满更多希望与未来、更多优质资源的地方学习，和一群有梦想、有斗志的优秀人为友，这样的人生才是成功的，也才有意义。

这种做法不仅会给孩子造成巨大的身心压力，而且最终可能会得到失望的结果。

学历方面，一代更比一代强，这个说法是非常错误的，这样的期待也是不现实的。均值回归规律就是最好的证明。也就是说，如果父母都毕业于清华或北大，那么子女能考上国内 C9 高校的概率只有一半左右；如果父母都毕业于 C9 学校，子女能考上 985 的概率只有一半左右；如果父母都毕业于 985 学校，子女能考上 211 高校的概率在一半左右。[①]

况且，是否考上名校，与一个人的成功也没有必然的因果联系。很多名校毕业生在各地的普通岗位上兢兢业业地工作着，同样为社会发展做出了贡献。正如清华大学教授刘瑜那篇大火的《我的女儿正势不可挡地成为一个普通人》里面表述的一样，普通人士相比成功人士绝对没有什么可以自感羞愧的。

但是，小明就一定考不上国内的名校吗？拥有名校学历真的不存在某种家族因素的影响吗？

答案是不一定。

从具有名校学历的父母、姐姐来看，小明的确比其他同学更加具有上名校的家庭基因。在名校学历方面，小明"子承父业"的概率较大，小明对此应该是信心满满。

这种"子承父业""虎父无犬子"的现象在国内外都一直长期存在着。

著名的自然杂志 Nature 子刊的副主编 Arunas Radzvilavicius 引用了一篇论文[②]的相关结论，显示在美国的学术圈，近四分之一（22.2%）终身教授的父母中至少

---

① 一棵青木. 北大爸妈也没用，你智商越高，交的智商遗产税就越多 [EB/OL]. 远方青木. [2021-06-04]. https://mp.weixin.qq.com/s/fjdAVEoohT_17g442g6Z2g.
② 学术圈也"子承父业"？近1/4终身教授的父母是博士，名校概率翻倍 [EB/OL]. [2022-09-07]. https://www.sohu.com/a/583126958_121124010.

有一个拥有博士学位，这个比例是普通人的 25 倍，还有超过一半（51.8%）的教授至少有一个父母拥有硕士以上的学历。

与此形成鲜明对比的是，美国民意调查显示，在几乎一致的时间里，美国平均只有不到 1% 的人拥有博士学位，只有 7.4% 的人拥有研究生学位。研究人员还指出，这一现象已经在学术圈里维持了近 50 年之久。

这项研究是通过调查统计的方法，选取了来自不同层次学校的不同专业的 7204 名终身教职作为研究对象，统计了他们的父母的最高教育水平、童年时期的社会经济地位等信息，并与同时期的全国平均学历、收入和大学排名等数据进行对比，最终得出了这样的结论。

至于"子承父业"的原因，其实也很明显。高学历的父母们可以给孩子们更多更长久的学术方面的支持：小学生遇到的数学难题，可能大部分普通家长都能帮助孩子解答；高中遇到的数学难题，可能有的家长就无能为力了，而拥有名校学位的父母给予孩子们在整个学习道路上乃至孩子今后的职业发展中的支持和鼓励最多，毕竟他们曾是从千军万马中厮杀出来的获胜者。

此外，与普通大众相比，父母一方是名校毕业或者两人都是名校毕业，也就基本上意味着孩子从小的生活条件相对会更富裕。这种家庭的孩子享有着学霸父母在学术上和经济上的双重支持与鼓励，更容易踩着"学霸父母"的步伐而再次进入名校。

那么，在分析自己能否考上名校这个问题时，小明是否正确地使用了统计学的结论呢？

答案是没有。

小明犯下了至少两个统计学上的错误。

小明犯下的第一个统计学上的错误是"环境谬误"。即便名校毕业生类型的家庭出现一次名校学生的概率是 1/2（小明的姐姐），那么以此来推断同一家庭的第二个孩子小明考上清华等名校的概率就是 $1/2 \times 1/2 = 1/4$，这是典型的"环境谬误"，也就是把假设总体的概率当作个体的概率。

实际上，孩子考上名校的概率到底是多少取决于父母的基因与教导，以及自身的努力情况等多种因素，与整体的统计概率没有直接的关系。这样的反例比比皆是，例如像被称为"华人神探"的刑事鉴识专家李昌钰，他的母亲仅上过女中，是位全职主妇，但她生养的 13 个孩子全部是博士；莫言的母亲是目不识丁的农村劳动妇女，却养育出一位诺贝尔文学奖获得者。

小明犯下的第二个统计学上的错误是"独立性谬误"。小明与他的姐姐是同父同母的亲姐弟，具有直系血缘关系，基因相似度高，并且两者在同一家庭中成长，具有同样的教育和经济环境背景。

如果小明考上了名校，也就是同一家庭中连续出现了两个孩子考上名校的现象，那么这种现象肯定是存在某种关联的，是由某种原因促成的，往往与基因有关或者与环境有关等。也就是两个孩子是否会考上名校的概率并不独立。

小明考不上名校也是正常的，因为每个人都是独立的个体，家庭因素只是一个人成长的因素之一，自身努力、老师指导、学习环境等多种因素都在发挥作用。

可见，有了相关的统计学知识，并且能够深刻理解和正确应用，就会明白一些疑惑和争论。小明的心情也因此发生了变化，排除了莫名的压力。统计学方法的误用造成的困扰、误判数不胜数，所以是时候学习该如何利用统计学识别真假，做个"明白人"了。

1.4　让你的行为合理地谨慎

记得我第一次乘坐飞机时刚 20 岁左右，当时的感受是非常的兴奋和新奇。后来随着年龄的增长，我竟然对乘坐飞机产生了一种莫名的恐惧，开始变得害怕坐飞机去旅行或出差。我经常会想，飞机万一出事，机上的乘客便无处可逃了。

后来我发现，身边有我这样想法的人不在少数，他们也都担心坐飞机不安全。他们有的宁愿旅途久一些，改乘火车或汽车，也不选择乘坐飞机；有的即便是不得不坐飞机，但一颗心从飞机起飞时就悬得高高的，直到飞机落地的那一刻才会跟着放下来。

这时候，身边总有人会对你说，飞机是目前最安全的交通出行方式，让你无须太过担心。甚至还可能会拿出权威的车祸概率和空难概率的数据给你看，给你做出对比。你看，根据权威统计，遭遇飞机失事的死亡风险率为 25 万分之一，遭遇汽车车祸的死亡风险率为五千分之一。2023 年，全世界空难死亡人数有 72 人[①]，而车祸死亡的人数有 119 万人左右[②]。并且，如今的航空管理制度非常健全、严格，飞行员、空管、乘务员等航空有关人员都是层层选拔、层层培训筛选出的精英中的精英。一架飞机出现事故的概率仅为五百万分之一。

相比之下，汽车驾照几乎是人人都能考取的，而车祸几乎每天都在发生。乘坐飞机与乘坐汽车究竟哪个更危险呢？为什么汽车这么危险你还敢坐。上次我准备去三亚旅游时，旅行社准备卖机票给我的时候，看到我预定机票犹豫时就是这么说和这么做的。即便如此，仍然有许多人怕坐飞机，而很少有人害怕坐汽车。我则是预定了机票，然后胆战心惊地上了飞机，所幸一路平安，旅途愉快。

这时候你可能会怀疑自己的认知，难道真的是自己多虑了吗？

没错，这些统计数据是真实的。毫无疑问，车祸发生的概率远远大于空难发生的概率。但是真实的数据就不会骗人了吗？事实上，真实的数据不仅会欺骗人，还会让你觉得自己看到的是对的，通过对两组数据的比较，你会不知不觉地相信某种东西。可以说是"杀人于无形"。

其实，仔细想一想，你就会发现这种数据之间的比较根本站不住脚。首先是数量上，汽车的数量远远多于飞机的数量，因此车祸数大于空难数是合理的。然后是概率，汽车发生车祸的因素实在是太多了，绝大部分车祸人为因素占比很大。这些人为因素包括疲劳驾驶、酒驾、夜间行车、车速过快、开车打电话或者情绪不稳定等很多情况。

---

① 国际航协：2023 年是飞行史上最安全的一年 [EB/OL]. 航空运输头条 . [2024-03-01]. https://www.ccaonline.cn/yunshu/ystop/936999.html.
② 尽管取得了显著进展，但道路安全仍是一个紧迫的全球问题 [EB/OL]. [2023-12-13]. https://www.who.int/zh/news/item/13-12-2023-despite-notable-progress-road-safety-remains-urgent-global-issue.

与飞机空难情况不同的是，造成车祸发生的这些人为因素是可以事先避免的。为了乘车安全，我们开车时可以不喝酒、不疲劳驾驶、不打手机、礼让来往车辆和路上行人等。相比而言，飞机出事故却是不一样的。一般来说，飞机发生空难，不可抗力的因素比人为因素更多，例如，突然袭来的恶劣气流、突然的信号失联、遭到恐怖分子袭击等，技术再精湛、经验再丰富的飞行员起到的作用往往只能是抗衡不可抗力，尽力逆转危机。

所以，我们更加理解了为什么世界上有那么多的飞机恐惧症患者，而汽车恐惧症患者却很少听说。据专家估计，世界上有 10% ~ 25% 的人有不同程度的恐飞心理，这其中包括许多名人、明星，他们也害怕乘坐飞机。

其实，这完全不是普通人的多忧多虑，就连一向严谨、尊贵的英国王室都对此持保守态度，患有飞机恐惧症。

英国王室有个规定，不允许两位以上王室成员乘坐同一架飞机，尤其是王室的继承人必须遵守。这个规定虽然听起来很奇葩，但是细想一下还是有些道理的。毕竟王室继承人的个人安全是重中之重，飞机失事的概率虽然是几十万分之一，但是万一发生，对于王室来说就是损失加倍。

据媒体报道，英国伊丽莎白女王生前曾经多次和自己的孙子威廉王子谈话，提醒他不要和三个孩子乘坐同一架飞机，必须为英国王室的未来着想。为了保证王室成员的人身安全，小王子和小公主们在稍稍长大以后只能和兄弟姐妹以及父母分开乘坐不同班次的飞机。对于普通人来说，这种方式虽然安全，但是会缺少与家人闲聊的许多快乐。

曾经有这样一个笑话。有个人经常坐飞机，但是患有飞机恐惧症。他非常关注飞机安全乘坐方面的相关信息。有一次他听专家说，飞机上有一颗炸弹的概率非常低，低到只有万分之一。可是这个人还是很担心，希望飞机能再安全些，于是他问专家：如何能让飞机被炸掉的概率再降低？专家回答说：很简单，只要你带一颗炸弹上去就行，因为飞机上同时有两颗炸弹的概率是万分之一乘以万分之一，也就是亿分之一。随后，专家还嘱咐这个人说，事先千万别检查飞机上有没有炸弹，其前提是要注意保证对这个事实一无所知。

1.5 揭开谜团，发掘真相

《红楼梦》是一部不朽之作，被称为我国的四大名著之一。《红楼梦》全书共120回，关于它的作者，红学界的观点一般都认为前80回为曹雪芹所写，后40回为高鹗所续。

然而，长期以来这种看法一直都饱受争议。

有种说法是，曹雪芹写完了全部的120回手稿，只是还没来得及发表后40回就去世了，其实全书是曹雪芹一个人写的。有人对书的前半部分满意，却对后半部分很不满意，尤其是对宝黛的结局特别不满，因此认为后半部分肯定是他人续写的，可能是一位名为高鹗的人代写的，也可能是其他人代写而用了高鹗冠名而已。也有人说，其实整部书都不是曹雪芹写的，而是由他人根据类似的故事情节全部代笔的。

无论哪种说法，由于时过境迁，人们对此都无法考证了。

但是如今科技发达，统计学为人们揭开了一扇窗。有学者使用统计学揭开并还原了《红楼梦》作者之谜，并且从统计上做出了翔实的论证。[①]

这位学者就是复旦大学的李贤平教授。李教授从1985年开始就带领他的学生进行了这项工作。他们的研究工作基于一个常识性的假设：每个人使用某些词的习惯通常是这个人所特有的。就好似我们说不同作家有不一样的写作风格，有的文字朴实，有的词藻华丽。即便是虚词的使用，不同人的习惯也各有不同。

李教授团队的研究方法很有创造性。

他们是这样做的：首先将120回看成120个样本。考虑到在一般情况下，同一情节大家描述的都差不多，所以他们没有选择将故事情节作为变量；同时考虑到，由于个人写作特点和习惯的不同，所用的虚词不会是一样的，所以决定选择与故事情节无关的虚词出现的次数作为变量。

接下来，团队选用每个回目中47个虚词出现的次数作为《红楼梦》各个回目的数字标志。最后，巧妙运用数理统计分析方法，利用统计学多元分析中的聚类

---

① [趣味统计] 生活中无处不在的统计学 [EB/OL]. [2018-08-29]. https://m.thepaper.cn/newsDetail_forward_2391406.

分析法进行聚类，看看哪些回目出自同一人的手笔。

通过这样的研究方法，研究团队将120回分成了两类，即前80回为一类，后40回为一类，很形象地证实了这部著作的确不是同一人写的，写作用词和手法完全不同。由此支持了红学界最普遍的一种观点，使红学界大为赞叹。

之后，研究团队又进一步分析了《红楼梦》前80回是否为曹雪芹所写。研究团队找到了一本曹雪芹的其他著作，用同样的研究方法进行了类似分析，结果证实了这些作品的用词手法完全相同，基于此而断定《红楼梦》前80回确实为曹雪芹一人手笔，是他根据《石头记》写成，中间插入《风月宝鉴》，还增加了一些其他的内容。

那么，《红楼梦》后40回是否为高鹗写的呢？

研究团队也给出了答案。他们使用同样的研究方法做进一步分析。论证结果令人惊讶：他们推翻了《红楼梦》后40回是高鹗一个人所写的先前观点，而提出后40回是曹雪芹的多位亲友将其草稿整理而成的，其中宝黛故事为一人所写，贾府衰败情景为另一人所写等，只不过署名是高鹗一人而已。

这个使用多元统计分析方法得出的结论不仅有趣，而且整个论证方法和过程都非常客观和科学，因此在红学界引起了很大的轰动。可见，统计学能够帮助我们解开一些谜团，从而还原事情的真相。

1.6 看清真相，防止被蒙

生活中，我们时常会遇到一些反常识的现象或观点。它们有时会令我们迷惑不解，有时可能会大大颠覆我们的已有认知。遇到这种情况时，我们需要谨慎对待，对其观点首先应该持质疑的态度，质疑其中是否存在一些隐含假设，然后厘清矛盾，挖掘真相，仔细甄别后再做出是否接受它们的决定。这样，我们不仅会提高自身的认知能力，而且不会被蒙骗。

曾经有一项研究，声称"做家务会降低中国男性的死亡率"在网上掀起了讨论热潮。这项研究将65岁以上的中国老年人作为研究对象。实验中，研究人员记录了这些老人参与的体育活动和家务劳动,以及一些其他的健康因素,然后分析了这些研究对象的相关因素和死亡风险的关系。

他们的数据分析结果显示,在男性受试者中,比较消耗体力的那部分家务劳动(heavy housework)看起来和较低的死亡率有关,但在女性受试者中却没有发现这样的相关性。于是,研究人员得出了男性做家务会降低死亡率的结论。

第一眼看上去,这个结论貌似挺合理的。

有一些支持者表示接受。他们认为,做家务是体力劳动的一种,对个人健康确实有好处,与跳绳、游泳等体育锻炼一样,都有着强身健体的同等效果,这项研究可作为重要的支撑证据。

也有一些人表示质疑。他们不仅质疑这个研究的科学性,指出所做实验不严谨、方法不清楚、数据不清晰,还开玩笑地说,这个研究的目的可能是为了诱骗男性多做家务。

仔细思考一下,我们会发现这项研究结论的确具有很大的迷惑性。

普通家庭里的家务活有多种,如做饭、洗碗、拖地、看孩子、洗衣服等。每一项家务活所消耗的卡路里都不一样,在实验中是如何记录数据的?此外,同样是洗衣服,洗一件衣服与洗十件衣服的劳动程度也不一样,在实验中是如何区分的?实验中也没有提及日常家务劳动的活动量,更没有提及家务劳动能否达到老年人所需的运动量标准等。

再说,这个实验的受试对象做家务的项目数量来自个人报告,而不是经由标准化的数据记录,所以数据准确度也令人质疑。

整体来看,这个研究确实不够严谨,它的结论也不那么令人信服,而且类似的同类研究也不够充分。

1.7 同样的数据,不同的结论

看了同样的一部《阿凡达 2:水之道》电影之后,不同的观众对这个电影会有不同的感受与解释，并且很少有重复的。

有的观众可能对电影中的海潮汹涌的特效奇观印象深刻；有的观众可能惊叹于电影制作过程中高难度的水下摄影及动作捕捉技术；有的观众可能是被其中"保卫家庭"的故事情绪价值所感动。总之，观众的感受可能是各不相同的。

类似现象也发生在统计学世界里。基于同样的数据，不同的统计分析师可能会得出不同的统计结论[1,2]。

有人曾亲眼见过相距一个月发表在医学期刊 *Surgery* 上的两篇论文，它们的研究主题都是针对腹腔镜阑尾切除术的患者，在手术时将切除的阑尾从切口取出体外之前放置到取物袋中再取出体外是否会减少术后感染。这两篇论文研究均使用了美国国家手术质量改进计划（NSQIP）数据库 2016 年的数据作为研究对象，然而结果却大不相同：论文 A 的结论是使用取物袋可减少伤口的感染率，论文 B 的结论则是不能减少伤口的感染率。

为什么使用了相同的数据集，而两篇论文的研究结论却截然不同呢？造成这种差异的原因究竟在哪呢？

其原因主要还是出在数据方面。尽管使用了相同的数据集，但是这个数据集里面的数据准确性却很差。尤其是两篇论文的研究都用了"使用取物袋"这个变量，而数据集中的这个数据结果是基于手术记录得到的。也就是说，这个结果的可靠性依赖于数据录入的质量。如果手术中记录了使用取物袋，那么就会有相关的数据；如果没有记录使用取物袋，研究人员就认为该手术中没有使用取物袋。

也就是说，对于没有记录使用取物袋的情况，一种可能是真实情况，即手术中的确没有使用取物袋；还存在另一种可能，即实际手术中使用了取物袋，只是因为遗忘等原因而未被记录。如果是后者的话，论文的研究结论就是基于错误的数据而得出的。

---

[1] 相同的数据，不同的人进行分析，却得出相反的结论 [EB/OL]. [2021-08-17]. https://www.sohu.com/a/483915543_489312.

[2] 相同数据库，相同主题，两篇论文得出了相反的结论 [EB/OL]. [2020-12-08]. https://www.sohu.com/a/436933952_489312?spm=smpc.content.content.2.1672903657524dTkygrW.

同时，论文 A 纳入的术后感染患者是依据腹腔内脓肿发生的标准；论文 B 纳入的患者是指手术部位（浅表、深部和器官间隙）感染。关于感染的标准，统计口径是如此的不同，就难怪二者的结论会不一样了。

另一项研究也挺有意思，是关于专家的特征研究。通常而言，一般人的印象中专家是这样的：经常就各种问题发表观点，给普通大众提出建议。这项研究就是专门研究这个现象的：具有更高学术地位的人是否会比更低学术地位的人有更多的问题。

研究组织者邀请了多位研究人员就这个问题进行了单独研究。结果发现，没有哪两个研究者得到了相同的结果。大约 29% 的研究者的报告说，高学术地位的人更有可能发表更多言论，有 21% 的人分析出的结果正好相反，其余的人没有发现明显的差异。

为什么对于同样的研究问题，会得到截然不同的研究结果呢？

对比这些研究发现，没有哪个分析存在客观上的错误，造成这种结论的差异的原因在于不同研究者对所研究的内容选择了不同的定义，并采用了不同的分析方法。

例如，对学术地位的定义也多种多样，有的采用职称来衡量学术地位的高低，有的使用论文被引数量或 h 指数[①]；来定义学术地位。此外，在定义发表言论的数量时，一些分析人员使用的是每位专家发表评论中的字数，一些分析人员则通过每位专家所参与的讨论次数，而不考虑每次讨论时发表了多少字。

可见，研究设计至关重要。

一个统计研究结论是否可信，一个有效的检验办法就是让同行来重复研究，看看能否重现同样的结果。如果不能，就要怀疑其可信度。如果能再现相同的结果，那么该结论就是可信的。当然，如果有许多不同的研究分析都指向同一个方向，那么这个结论应该就是更加可信的了。如果看到截然相反的统计研究结论时也不用急着反驳，而要仔细查看它们的研究方案究竟有哪些不同之处再做决定。

---

① 注：h 指数是一种评价学术成就的方法。

第 2 章
认识统计数据的各种特征

认识统计数据是一个持续的学习过程。

在第 1 章中,我们已经了解了数据是统计活动过程中所获得的反映社会现象的数字资料以及与之相联系的其他资料的总称,也是对现实世界各种现象和事物信息进行表示和描述的计量结果。

本章我们将了解关于数据的更多知识。

如今已经进入了数字经济时代,人们的日常生活乃至整个世界的运转越来越依赖于数据。无论是政府公布的经济数据,还是科学研究中的实验结果,甚至是人们使用的社交媒体平台上的每一次用户点击,以及人们发出的每一条微信、智能手表每天记录的运动步数、用手机支付的每一个账单、上下班地铁公交通勤时的刷卡记录……好像什么都和"数据"有关,都处都是数据。

作为统计学研究对象的——数据,其背后隐藏着许许多多关于这个世界和社会的奥秘。政府通过数据统计来评估经济状况,制定合适的政策;医学研究使用数据统计来验证药物的有效性和安全性;市场营销人员利用数据统计来了解消费者的需求和行为等。

进行数据统计分析之前,先需要了解一下数据对象的类型、分布与特征等基本状况,以便更好地理解数据,揭开数据背后的奥秘,为人们的各种决策提供有力的支持。

2.1 迷人的数据无处不在

2.1.1 数据是推动创新的一股力量

在以数据为中心的世界中，数据不仅是一个帮助人们应对复杂挑战的强大工具，而且还是一股变革的力量，它可以推动进步和创新，甚至可能彻底改变行业。

过去，在传统的制造企业中，企业的生产和销售决策主要基于业务管理者的经验和直觉。如今，依靠数据驱动的生产和销售决策方法效果更好、更科学。

原因在于，将这些与业务相关的各种数据包括生产过程中的时间、成本和质量指标、销售数据、市场趋势和客户反馈等进行整理和分析，利用统计方法找到数据中的模式和趋势，可以更高效、更精准地提高效率和增加利润。

例如，通过数据分析，某企业的管理者发现生产过程中的某个环节存在效率问题，导致成本增加和交货时间延长。他们决定优化这个环节，通过改进工艺和采购更高效的设备来降低成本与提高生产效率。此外，他们还发现某个产品在特定地区的销售量很低，而在其他地区却很受欢迎。基于这个洞察，他们调整了市场营销策略，加大在受欢迎地区的推广力度，同时减少在销售低迷地区的投入。

随着时间的推移，这家制造企业逐渐建立起了一个强大的数据驱动决策机制。管理者不再依赖主观的猜测和经验进行决策，而是通过数据来指导决策。通过持续的数据收集、分析和优化，企业的生产效率提高了，产品质量稳定提升了，销售额也显著增加了。最重要的是，企业能够更好地了解客户的需求和市场趋势，从而更好地满足市场需求并开发出更具竞争力的产品。

数据的真正力量在于它创造价值的能力。通过分析数据，我们可以发现模式、趋势和相关性，从而获得有价值的见解和机会。这些见解可以推动创新，优化流程，加强决策，并提高各个领域的整体绩效。从电子商务的个性化推荐到制造业的预测性维护，数据驱动的方法正在改变行业，塑造人们的日常生活。

2.1.2 数据是发掘真相的一把钥匙

数据不仅是一堆数字，而且它背后隐藏着有意义的信息和规律。

假如你是一位超级侦探，那么数据就好像是你的侦探工具，能为你提供一个神秘案件的各种线索，帮助你挖掘出案件的真相。这些线索可以是各种各样的东西，如嫌疑人的证词、指纹、脚印，以及破碎的物品、现场的衣物、图像、声音、监控录像等。所有这些线索都可以被看作数据表示，其形式可以是数字、文字、图像、视频等，它们提供了对事件、事物和现象的描述与记录。

而你作为侦探的任务就是收集数据，从这些数据中找到线索，从中提取有价值的信息，再通过观察和比较数据得出结论，解开案件的谜团，找到事实真相。所以，人们依靠数据探索和了解世界。数据就像是解决问题的侦探工具，通过观察、分析和推理，可以获得原本被掩盖的知识和信息，并了解事物的本质。

2.1.3 数据是探索未知奥秘的导航

数据好像一个导航系统，能引导人们穿越浩瀚的宇宙并找到方向。假如你是一艘宇宙飞船的船长，在飞船上有着收集各种类型数据的传感器。例如，你有一台捕捉遥远星系图像的望远镜、一台分析天体成分的光谱仪，以及一个探测小行星和其他空间碎片的雷达系统。所有这些仪器都收集了不同形式的数据，帮助你了解周围的宇宙。

现在，假设你遇到了一个特殊的恒星系统，它表现出不同寻常的行为：亮度波动不稳定、无线电信号奇特。你试图解开这个神秘系统的秘密。于是，你使用望远镜拍摄它的图像，通过光谱仪分析这颗恒星亮度变化模式的视觉数据，发现它似乎遵循着一个有节奏的序列，这可能暗示着轨道行星或双星系统的存在。

接下来，你使用雷达系统、传感器设备检测到无线电信号。经过仔细分析这些无线电数据，你破译了信号中的一系列复杂模式，发现这些模式类似于一种智能通信形式。通过整合所有收集的数据，包括图像、无线电信号和其他相关测量，你最终可以形成关于这个恒星系统的假设并得出结论：这个恒星系统内可能存在先进的地外文明。

就像宇宙飞船的船长依靠数据探索宇宙一样,在我们所处的大千世界里,数据也扮演着类似的角色,推动着人们不断地理解和解决问题,从而探索未知的知识领域。

2.2 多种多样的来源

在当今数字化时代,日常生活中的每个角落充斥着数据。这里说的数据可以指任何类型的数据,比如一个人的考试成绩、学费、血压、身高、体重、工作收入、投资收益、消费记录、交通出行等,一家企业的员工规模、营业收入、销售利润,或者是一个国家的人口、GDP等宏观数据。

通过收集、整理和分析大量的统计数据,所得出的结论或揭示的事实不仅可以帮助人们了解有关自然、社会和人类行为的趋势和特征,而且还可以帮助人们更好地理解世界和世界的发展变化规律,从而作出更明智的决策。

统计数据可以通过多种途径来收集、获取。它的来源包括调查问卷、实验研究、观察记录等。

调查问卷是通过向受访者提出一系列问题,从而了解他们对某个特定主题或对象的看法、态度和行为等。问卷调查可以通过邮寄、在线、面对面等方式进行,这种方式可以涵盖广泛的受访者群体,并快速和简便地收集数据。

实验研究是一种通过设计实验场景、控制实验条件来收集受试者数据的方法。

通过对研究对象的行为、表现和所处环境进行观察和记录,可以了解其特征和行为模式。

以上这几种来源的数据价值很大,因为它们是研究人员直接获得的第一手原始数据,还没有被研究和分析过,也称为天然数据(primary data)。在实际工作中,还有一些从已有来源或文献中收集的数据,例如政府报告、研究论文、统计机构发布的数据,以及某些成员的邮件信息、聊天记录及搜集的调查结果等,也可以是网站上的评论或者是从使用的客户应用程序中得到的文本字段等，这些数据通常被称为次生数据（secondary data）或二手数据。

在实际的统计工作中，究竟选择哪种数据收集方法取决于研究目的和研究对象的特点。根据研究目的，研究人员可能使用那些描述单个个体或单元特征的个体数据，如单个人、单个产品等；也可能将多个个体或单元数据合并为一个整体的聚合数据，如组织的总销售额等。

不同的数据收集方法会影响数据的质量和可靠性。

2.3　初探数据的特征

平日里，小杨是一个热爱健身的人。一有空闲，小杨就去健身房锻炼。他发现自己在某些日子健身后更加有活力，而在其他日子健身后却疲惫不堪。

小杨向自己的健身教练询问出现这种状况的原因。教练告诉他，要多注意自己的健身习惯、饮食习惯、睡眠习惯等，并建议他把这些情况细致地记录下来，有助于发现真正的问题出在哪儿。然后递给他一张表格，让他用来记录数据。

为了搞清这种差异的原因，小杨决定开始记录自己的健身数据。

小杨打开表格一看，发现第一个要记录的数据竟然是"性别"。他不禁疑惑，性别不就是男或女嘛，难道这也是数据吗？

教练回答说，当然是数据啦。性别属于描述性的数据，是统计学中非常重要的一类数据。这种数据的特点是只能分出类别，在统计分析时可以统计出现次数的多少，不过不能进行平均数计算，也得不到计算结果。这类数据有时也叫作定性数据。

小杨觉得挺有道理。就像自己所在的班级共有38位同学，男学生有23人，女学生有15人。可以说男学生比女学生的人数多，并且多出了8人，可是不能说自己班级的男女学生的平均数19人。

再往下看，第二个要记录的是教育程度，小杨现在是初中二年级学生。记录之后，他发现这种数据与前面的性别有些不同。

他告诉教练自己的发现。他说，虽然教育程度可以像性别数据那样作为类别来区分，例如，可以分为小学、初中、高中、大学及以上，但是教育程度这个数据可以按照受教育年限的多少进行排列。自己是初中生，肯定比小学生的教育程度更高，因为在学校里学习的时间多了三四年呢！

教练问小杨，你的确比小学生在学校里多学习了三年，不过你的教育程度比小学生的水平究竟高出了多少呢？

这一下，小杨说不清楚了。

还有，与以后要上的高中和大学相比，现在的初中教育程度肯定是低一些，但是具体低了多少，好像也说不清楚大小和数量。

教练解释道，教育程度这种数据的各个类别之间的差异不具有固定的意义。不能说受教育时间越长教育程度就越高。有的学生智力超常，德智体美劳全面发展，身心健康，是可以跨越传统的教育年限的。

例如，中国科学技术大学少年班"创新试点班"招生对象是高二及以下年级的学生。西安交通大学"少年班"招生对象是应届初中毕业生，入选的学生可以免去中考直接被录取为该校"少年班"大学生。

小杨觉得很有道理。像教育程度这类数据虽然也可以分类和比较大小，但是不能求和或者求平均值。就像三个初中生相加不能等于一个高中生，三个高中生相加不能等于一个大学生，大学生与初中生的平均值也不能和高中生一样，因为这样计算是没有道理和没有意义的。

2.3.1 数据分类

数据分类是统计学中的一个重要概念。数据分类的主要目的是将具有相似特征的数据聚集在一起或划归到一组，以便后续进一步分析和比较。了解数据的分类可以帮助人们更好地理解数据的分布、特征和关系，并选择适当的统计方法和工具进行数据分析和解释，从而为最终的决策提供有力的支持。毕竟，整洁有序的数据相比大量混乱无序的数据处理起来效率会更高。合理的数据分类也可以更好地挖掘数据背后的规律和趋势。

无论数据来自医疗、保健、金融，还是来自气候、科学和娱乐等，在实际应用中，统计数据都可以根据内容的性质分为定性数据与定量数据。

2.3.2 能表述性质的数据

在统计数据中，有一种数据是为了用于描述或说明事物的品质特征，它们被称为定性数据。这类属性的数据表现为类别，没有数值意义，不支持算术运算。根据所含数据能否进行顺序排列，定性数据可以细分为以下两类：

一类是没有顺序的定性数据，也称无序数据。这类数据可以分为不同的类别或组别，不要求有顺序。例如，人的性别可以分为男、女、未知三类；民族可以分为汉族、蒙古族、回族、藏族等；职业可以分为工人、农民、知识分子等。这类数据的特点是不能对各个类别进行大小比较，但可以计算每个类别的频数或比例。

另一类定性数据是有序数据，这类数据可以按照某种顺序进行排列，但各个类别之间的差异并不具有固定的意义。例如，教育程度可以分为小学、初中、高中、大学及以上，后面一级都比前面一级的教育程度更高，但并不知道受教育程度增长多少。例如，空气污染可以分为优、良、轻度、中度、重度几个级别，其中后面的一级都比前面一级的严重程度更高，也可以用1、2、3、4、5来标识这几种分类；学生的成绩也可以分为优秀、良好、及格、不及格，后面一级的数据也都比前面的更差。有序数据的特点是可以进行顺序比较，但不能进行大小比较。

2.3.3 有数量意义的数据

顺着表格继续向下看。小杨发现在健康表格中的这些要记录的数据挺有意思，它们包括年龄、身高、体重、锻炼时间、锻炼强度、睡眠时间、睡眠质量、每日进食次数、每次饮食品类、每日进食量等信息。

这些数据有它们各自的特征。有的数据与前面记录的性别、教育程度的数据特征类似，只能分出类别，例如锻炼强度可以记录为高强度、中强度、一般强度、较低强度、低强度；睡眠质量数据可以记录为好、一般、不好；每日进食品类可以记录为鸡蛋、米饭、面食、水果、鸡肉、牛肉、牛奶等。

同时，小杨发现有的健康数据不仅可以分类，而且还有说明相关现象的数量或有意义的数字特征，可以进行大小比较与数值运算，如年龄、身高、体重、锻炼时间、睡眠时间、每日进食次数、每日进食量等。这样可量化的数值数据在统计学中称为定量数据。

进一步仔细观察，小杨发现这些定量数据也不完全一样。例如，锻炼时间可以记录为 0.5 小时、0.6 小时、1 小时，而每日进食次数只能记录为 2 次、3 次，不能记录为 2.1 次或 2.2 次；每日吃的鸡蛋只能记录为 1 个或 2 个，却不能记录为 1.2 个或 1.4 个等。

同样是定量数据，有的按照数值表现可以是连续数值，有的则不能是连续数值，而只能是整数。

可见，定量数据按照数值表现是否连续可以分为以下两类：

一类是离散型数据。它们的数值只能取有限个数或特定值，而数值通常是通过计数方式得到的，如家庭成员人数、抛掷硬币的结果、一个企业的月度招聘人数、一个城市的净流出和流入人口数量等。

另一类是连续数据。数据被划分为具有实际意义的单位，通常在一定范围内是连续变化的，可以取任意值。增长量可以一直叠加上去，例如，年龄可以用周岁表示为 1 岁、1.2 岁、1.5 岁、2 岁……每个周岁之间的差距是具有实际意义的。人的身高 1.5m、1.51m、1.52m……每个身高之间的差距是具有实际意义的。体重可以用千克（单位：kg）表示，50kg、51kg、52kg、53kg……每个体重之间的差距也是具有实际意义的。连续数据的特点是可以进行大小比较，也可以进行加、减、乘、除和求平均值等。

2.3.4 定量数据与定性数据的关系

我们可以把小杨需要记录的这些数据按照数据的定量或定性特征总结一下。如图2-1所示，简单来说，不能计算出数量的数据是定性数据，如性别、教育程度等；可以量化的数据或者具有数量的数据可以称为定量数据，如年龄、身高、进食次数等。

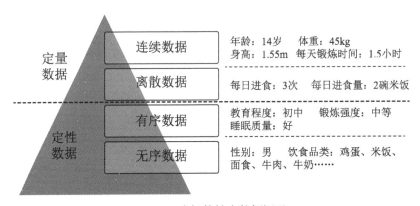

图2-1 小杨的健康数据记录

在实际应用中，定性数据与定量数据可以相互补充。定性是定量的前提和依据，定量则使定性更加具体和准确，两者结合使用能够更加全面地分析和说明问题。

不同类型的数据采用的统计方法不同。例如，对于无序的定性数据，可以计算出各组类别的频数或频率、众数和众数比率；对顺序数据不仅可以计算其频数、众数，还可以计算位数和四分位差；对离散数据和连续数据，则不仅可以计算其频数、众数、中位数和四分位，还可以计算其平均值、方差、回归分析等更多的统计指标。

一般来说，适用于定性数据的统计方法也适用于定量数据的统计；适用于低等级测量数据的统计方法也同样适用于高等级数据的统计，因为后者具有前者的数学特性。反之，适用于高等级测量数据的统计方法不能用于低等级的测量数据；适用于定量数据的统计方法不能用于定性的测量数据，因为定性数据不具有定量数据的数学特性。例如，对于离散和连续数据可以计算平均数，但对于无序数据和顺序数据则不能计算平均数。

可见，理解了不同类别的数据特征，对选择使用什么样的统计分析方法是十分有用的。

2.4 数据的内容质量

在产业界有种说法：数据精准到位，商机精彩加倍。在科研界也有类似的说法，即高质量的数据是科学研究的基石。无论是产业，还是学术科研界，这些说法都体现了数据质量的重要性。数据的质量将直接影响后续的分析结果及所作决策的正确性。数据准确性低、可信度差，不仅会导致数据分析的结果失真，影响决策的准确性，而且还会损害研究机构的声誉和公信力。所以，坏数据比没有数据还要糟糕。

2.4.1 数据是否真实

王丽喜欢在网上购买商品。一天，她在网上看到了一款新型智能手表，这款手表声称具有各种先进的功能和出色的品质。王丽查看了这款手表的网购页面，上面显示的销量超过 5 000 件，并且有来自消费者的五星好评和 99% 的热烈推荐率。

看到这些好评数据，王丽决定购买这款手表。然而，当她收到手表后，很快就发现手表的功能没有广告中声称的那么出色，表链部位有个地方掉漆，表的质量也不如预期的高。

王丽意识到，她在网购页面上看到的数据肯定有问题。她开始怀疑这些五星好评的真实性。于是，她继续追查，发现原来这个手表卖家的销售数据并不是通过正常的销售渠道收集的，而是通过一个不可靠的数据供应商获得的。这个数据供应商为了获得更多的客户，雇佣了一支专门的团队，他们在各个电商平台上刷评论并购买该产品，以制造销售热度和假象，故意夸大了手表卖家的销售数据，结果误导了像王丽这样消费者的购买决策。

虚假的销量和好评率可能使消费者对产品的性能和质量产生错误的认知，从而误导像王丽这样的消费者的购买决策，更是让消费者对这个品牌产生了怀疑和不信任感，也让消费者感到愤怒和失望。这损害了市场的公平竞争环境，给那些真正具备优秀品质和性能的产品带来了不公平的竞争压力。

王丽决定将卖家的这个不真实的销售数据公之于众，于是，她向电商平台和消费者权益组织举报了这家公司的欺诈行为。经过调查和核实，这个卖家最终被罚款，并且其产品的宣传和评论受到了审查和限制。

王丽从这一经历中吸取了教训：不要完全依赖广告和评论，而是多方面考虑产品的性能和质量。同时，数据分析也离不开真实可靠的数据源。只有基于真实可信的数据分析结果才具有参考价值。在使用统计数据时，需要谨慎地对待相关数据，尤其需要查验这些数据的来源和采集方法是否可靠，然后多角度地考虑问题，并进行充分的验证和核实。只有这样，基于数据的统计结果才具有信任度。

2.4.2 数据是否准确

某家饮料公司新推出了苹果味、草莓味、芒果味三种不同口味的饮料。公司想要了解消费者对不同口味饮料的喜好程度，以便制定相应的市场推广方案。于是，该公司的市场研究人员设计了一份市场调查问卷，并派员工在商场、超市等地方进行现场发放和收集。

调查工作很快就完成了，共计回收了 2 000 份问卷。使用这些数据进行分析时，市场研究人员发现，苹果味、草莓味、芒果味三种口味的饮料喜好程度非常接近，几乎没有什么差别。这个结果让市场研究人员感到非常困惑，不知哪个口味更受消费者的青睐，也不知应该重点推广哪个口味。

为了找出原因，市场研究人员复盘了整个问卷调研过程，并决定重新审查数据。经过仔细检查，他们发现数据来源没问题，问卷采集方法正确，数据录入正确，问题出现在问卷填写上。由于问卷收集人员把关不严，导致问卷数据质量存在较大问题。

在这2 000份问卷中，有将近一半的填写不完整，还有部分问卷上的问题回答得模糊不清或明显错误。这样填写的问卷数据质量堪忧，无法反映消费者的实际喜好，里面还有一些错误。由此造成的数据误差简直到了不可以接受的地步。

为了纠正这个问题，市场研究人员进行了二次调查，对于填写不完整的问卷，他们再次联系了受访者，请求他们补全问卷；对于模糊不清的回答，他们请受访者确认以确保了解受访者的真实想法；对于误填的答案，他们进行了数据清洗与剔除，并且还采取了一些校验措施。

经过一系列的努力，数据的整体质量得到了明显的提升，有95%的问卷都填写得完整准确。

利用这些重新校验过的问卷数据，市场研究人员再次分析后的数据显示，三种饮料的喜好程度存在差异，其中草莓口味的饮料明显受到了消费者的喜爱。原来，之前的分析结果即消费者对三种口味饮料的喜好程度非常接近，完全是由于数据质量不高而导致的误判。

根据这份市场调查报告的更新结论，这家饮料公司进行了市场策略调整，将推广资源较多集中在最受欢迎的草莓口味的饮料上，从而取得了更大的市场份额。可见，市场调研在收集和分析数据时一定要严格把控数据质量，务必做到要准确地反映实际情况。

2.4.3 与目标是否相关

星期一的清晨，艾米被闹钟吵醒，她急急忙忙地起床洗漱，穿好衣服，准备去上班。临出家门之前，艾米匆匆地看了一眼天气预报，显示今天半小时内会下雨，她便顺手带上一把雨伞，结果全天都是阳光明媚。一整天下来，那把雨伞都没用上，反倒成了累赘。艾米不禁向身边的朋友抱怨，天气预报太不准确了。朋友听了后有些惊讶，说天气预报挺准的啊，再说，天气预报也没说今天要下雨。

艾米听后连忙再次翻看手机上的天气预报软件，她终于发现了原因。原来自己上周末去天津看演唱会，把手机上的城市设置为天津。结果回来后，忘记把城市改回北京了。是啊，天津的天气预报再怎么准确，对生活在北京的艾米也是无关的。

艾米之所以对天气预报感到失望和抱怨，是因为她错误地将天津的天气预报应用在了北京。实际上，天气预报的准确性取决于所提供信息的地理位置和时间，因此不同城市的天气预报可能会有很大的差异。艾米应该在使用天气预报时更加注意其所提供的地理位置信息，并确保将其应用于正确的地域。这就涉及数据相关性的问题。

统计数据的相关性反映了它能够满足用户需求的程度和是否是用户最关心的主题。在这个例子里，北京才是艾米真正需要和感兴趣的城市天气数据，与她的需求是真正相关的。艾米应该参照北京地区的天气预报数据，这样才可以避免因为错误的城市设置而产生误导和不必要的困扰。否则，即便天津的天气预报数据再怎么准确，也无法帮助艾米判断在北京出门是否需要带伞。

当然，数据的目标相关性具有主观评价的成分，它会随着用户需求目标的改变而改变。当艾米在北京生活工作时，北京的天气预报数据是与她相关的目标；而当艾米去天津看演出时，天津的天气预报又变成了与她相关的目标数据。

2.5 数据的安全隐患

最近，小杨发现自己使用的那个用于收集和记录自己健康数据的健康跟踪应用程序软件经常出现一些广告。

在这家名为康康网的健身社交平台上，小杨创建了个人档案，发布了许多健身照片和状态更新，表达了自己的喜好和兴趣，还热衷于分享自己的生活和趣事，与好友交流互动。

很明显，为了提供更好的用户体验和个性化服务，这家社交平台收集了用户的各种数据，如个人资料、兴趣爱好、发布的内容等。这家社交平台利用小杨的数据进行分析，以了解他的用户行为和偏好。他们发现小杨对某款电子产品表达了浓厚的兴趣，并且小杨经常在评论中谈论该产品。这家社交平台决定利用这些数据进行定向广告，向小杨展示与该产品相关的广告。

虽然这听起来很方便和个性化，但小杨感到有一点不舒服，因为他并不希望自己的私人数据被这样使用。康康网根据小杨的个人兴趣和行为数据来进行数据分析和广告定向算法推送、定向广告和个性化推荐，这里涉及一个数据伦理问题：个人隐私和数据使用目的所引发的关于个人隐私权和知情同意的问题。

数据伦理问题指的是在数据收集、处理和使用过程中涉及的道德和伦理考虑。这些问题涉及个人隐私、数据安全、数据滥用、公平性等方面。数据伦理侧重负责任和合乎道德地使用数据。它涉及数据收集、分析和决策过程对个人、社会和环境的潜在影响，以及算法偏见、公平性和透明度等有关问题。在进行数据收集时，保护个人隐私、知情同意、数据安全和合理使用数据是非常重要的。

保护个人信息、确保同意和解决算法偏见是负责任的数据使用做法。在数据收集和使用的过程中，康康网需要考虑用户的知情同意、数据安全和保护个人隐私的措施。数据隐私一般指保护个人的身份信息和敏感信息，并确保以负责任和合法的方式收集、存储和使用这些信息。数据安全涉及保护数据不受未经授权的访问、破坏或攻击。同时，康康网也需要注意数据使用的公平性，避免信息过滤和个人信息滥用的问题，并需要在数据收集和使用中平衡个人隐私和商业目标，以确保数据的合法性、透明性和合乎伦理性。

随着数据变得越来越有价值，数据隐私和安全问题也越来越受到全球各界的关注和重视。合理的数据保护措施和隐私政策应该得到遵守，以确保数据的安全性和保密性。组织和个人也需要采取强有力的安全措施，并遵守《通用数据保护条例》（General Data Protection Regulation，GDPR）等法规。

2.6 数据的使用与分析

关于自己的健康数据，无论定性还是定量数据，小杨决定使用一个健康跟踪应用程序软件来帮助自己每天收集记录这些数据。

在收集到数据后，小杨会对其进行清洗和整理，包括删除重复、错误或不完整的数据，对数据进行分类、排序和格式化，使其更加有序和易于分析。

在实际存储数据时，对于像锻炼时长、每日进食次数和种类等数据，小杨发现它们具有类似的结构特征，于是把它们存储成表格的格式。这样，表中的每一行都遵循统一规范的数据格式与长度，呈现出整洁美观的结果。这样的数据称之为结构化数据。而对于那些来源格式与结构多种多样的非结构化数据，小杨发现它们不方便使用表格的形式存储和展示，就单独存放了。

三个月之后，小杨的健身数据积累得越来越多。根据这些数据的类型和自己的健身目标，小杨发现那个健康跟踪应用软件为他推荐了几种数据分析方法，包括描述性统计、可视化图表、预测模型等。经过选择后，程序还自动为小杨解读和呈现了数据分析的结果，例如每次锻炼时的最高心率、最低心率、平均心率值和血压等。

重要的是，所有这些统计分析结果是以不同形态的图形展示出来的，如条形图、柱状图、折线图、饼图等，数据分布和比例关系展示得非常直观，非常容易理解。数据可视化有助于识别模式、趋势和异常值，使用户能够快速掌握见解并作出明智的决策。

通过健康跟踪应用程序中关于个人健康数据的分析结果，小杨不仅更容易理解自己的健身状态数据，还发现了一些锻炼规律和趋势。原来，自己在有足够的休息和良好的睡眠质量的日子锻炼效果更好，锻炼后感觉身体更有活力，健康状况也更好。此外，小杨还发现在某些特定的饮食习惯下，自己锻炼后能够更好地保持能量和体力，例如充足的碳水化合物、蛋白质和水等。

基于这些发现，小杨对自己的身体反应和需求更加了解。他决定开始调整自己的生活方式：一是更加注重睡眠，保证每天有至少 7 小时的睡眠时长；二是制定了一个健身期间的饮食计划，每天保证摄入 140g 蛋白质、700g 碳水化合物与 70g 脂肪；三是根据这些数据调整了自己的锻炼计划，每天跑步 4km，俯卧撑 3 组，每组 15 个，拉伸训练 10 分钟，打乒乓球或羽毛球 50 分钟。

随着时间的推移，小杨注意到自己的身体健康状况有了显著的改善，他感觉更有活力，身体也更加健康。

通过数据能发现和改变这么多的事情，这让小杨感到非常惊喜。此后，小杨在日常生活中不再仅依靠直觉和经验做事，而是更加积极地收集更多种类的数据，从数据中挖掘更多有用与有价值的信息和规律，并加以利用，继而做出由数据驱动的行动改变，以实现个人的健康目标、职业目标、财务目标和生活目标。

第 3 章
弄清楚可能存在的样本问题

在进行实际的统计分析时，我们要研究的数据对象是庞大而复杂的，在时间、成本、能力等多种因素的限制下，没办法做到总体测量，只能抽取其中一定数量的数据作为样本来进行测量，再以此来估计推测得出总体研究对象的情况。但是，如果样本容量过大，会增加调查的工作量，造成人力、物力、财力、时间的浪费；如果样本容量过小，则样本数据对总体数据缺乏足够的代表性，难以保证推算结果的精确度和可靠性。

可见，通过抽样估计总体的这种分析方式，所得统计结论的准确度取决于抽样方法是否合理，以及样本能否充分代表整体。样本是否足以代表整个母体的最大问题取决于以下几个因素：

- 特例的存在将如何影响统计结果；
- 选择样本时可能出现哪些偏差；
- 样本数量小的统计结果是否可信；
- 样本数量多的统计结果是否可信。

3.1 吸烟 30 年的他为何身体超级棒

3.1.1 吸烟又健康的王爷爷

身边有一位同事王先生是位烟民。即便每天上班时，王先生大约每隔一小时左右就跑到单位楼下的角落里吸上一支烟。另一位同事李女士经常劝他说，吸烟对身体危害大，还容易得肺癌、心梗等疾病，常年吸烟更是对健康有百害而无一利，你还这么年轻，赶紧戒掉吧。可是小王却总会摆摆手说没事，有时还会大声地反驳道，他爷爷吸了一辈子烟，从年轻时就一直吸烟，已经吸了40多年，如今70多岁了，不仅身体超级棒，而且还很长寿呢。

大家都知道吸烟有害健康。据说，香烟在燃烧的时候会释放出4 000种化学物质，其中有害成分高达400种，包括致癌物质。吸烟的人将这些化学物质吸入肺部再进入身体，所以很多吸烟的人都比较容易得慢性呼吸道疾病、甚至肺癌。大多数的肺癌患者都是一些长期的烟民，最后失去了宝贵的生命。此外，吸烟还与其他恶性肿瘤、心血管疾病以及糖尿病等有密切联系。

事实上，很多统计调查结果都表明吸烟与肺癌有密切关系。

美国卫生部门的一项调查显示，在100个烟民中有25个人患肺癌，也就是说，每4个烟民中就有一个人会患肺癌。要知道，对于患肺癌的人来说，因肺癌而死亡的概率是100%。此外，《英国癌症杂志》也曾统计过不同男性患肺癌的死亡率，结果发现不吸烟的人75岁患肺癌的死亡概率只有0.3%，而经常吸烟的人患肺癌的死亡概率则达到16%。如果100个人里面，这些人每天抽烟超过5支，那么将近1/4的人会死于肺癌，也就是说，会死亡25人左右。

不过，像上文王同事的爷爷那种情况在生活中也确实存在。我们也经常看到类似这样的反例消息。比如，尼泊尔有一位一百多岁的长寿老人，从17岁就开始吸烟，烟龄长达90多年，更夸张的是这位老人每天要抽30支烟左右。以每包烟20支来算，这位老人两天就要抽掉3包烟。在她看来，抽烟并不影响她长寿，反而还能愉悦身心，让她活得更潇洒。

估计很多吸烟的人听到或看到类似这样的消息，会告诉自己：看吧，即使抽烟也没有什么好担心的，毕竟有那么多的特例甚至反例存在；有的烟民可能还会自行屏蔽或忽略掉吸烟有关危害的大量统计证据，甚至可能再点燃一支烟，更加心安理得地去体味吸烟带来的享受感和愉悦感。

于是，有些人变得很迷惑，吸烟有害健康是有统计数据支撑的一般性科学结果，可是吸烟长寿的人也是不可否认地存在。作为普通公众，如何看待和理解一般性结论与事实反例同时存在的这一现象呢？到底该相信哪种结论呢？

3.1.2 一般性结果不排除有特例

从王先生反驳吸烟有害健康所用的事实和根据中可以发现他使用的方法是试图依靠一个反例去推翻一个一般性结论。同时王先生在反驳时还存在一个明显的漏洞，就是他忽视了如果他的爷爷不常年吸烟的话可能会更为长寿的这种可能。

我们知道，在实际的统计工作中，通常不是使用总体全量的对象数据，而是广泛使用基于抽样调查的样本数据。这种抽样调查是一种非全面调查方法，它是从调查对象的总体中随机抽取一部分对象作为样本来进行调查分析，并根据样本结果来估计推断的总体特征。

关于吸烟有害健康的这个统计结论，的确是基于统计数据分析得出的，所使用的数据不是全球所有的吸烟人员，而是从这些烟民中随机抽取出来的部分烟民作为样本数据进行统计分析的。这样，就有可能存在一些类似于上文中的王爷爷这样的特殊烟民对象，他们没有被选中进入调查分析样本，从而造成了一些不符合统计结论的特例存在。也就是说，吸烟有害健康的这个规律是统计学上的结果，但吸烟的人并不完全都是身体不健康的，并非没有例外发生。

吸烟会导致身体受到慢性损害，这是一个统计学方面的结果。作为特例，王爷爷常年吸烟不仅没有得肺癌反而身体健康，可能有很多特殊的因素存在。

比如，王爷爷吸烟后是否做了"保养"？王爷爷平日里是否经常呼吸新鲜空气？王爷爷是否经常锻炼身体使身体的血液循环增强而有助于新陈代谢，从而能够尽快将有害物质及毒素排出，以减少香烟给人体带来的危害？另外，王爷爷平时的饮食习惯是否良好？他每天吃了多少富含膳食纤维、维生素的蔬菜及水果来帮助身体补充营养、提高自身的抗病能力？王爷爷是否进行定期体检？一旦发现身体异常，他就能够及时进行治疗康复？

所谓统计学上的这个"吸烟有害健康"结果，是按照数理抽样进行统计分析而得出的某种特征或集中分布之结果。因此，在结果表述上通常会加上诸如"一般来说""大多数情况下"这样的限制语。例如，一般来说，吸烟的人容易得肺癌；一般来说，长期跑步的人身体通常很健康；一般来说，常吃甜食的人体重通常超标等。类似这些规律性的描述只代表产生这种情况的概率而已，并不意味着具有某种习惯行为的人肯定会怎样。

事实上，个体之间不仅存在差异，而且有时差异会非常大。某一个个体会表现出什么样的特征不是简单地用统计学结果就能一概而论的。王爷爷虽然常年吸烟但是身体健康，他的情况相对于吸烟却身体不健康的大多数人而言是一个特例。特例是相对于通例而言的，是特殊情况下出现的事例，大多数是个人的、临时的或是个别的现象，因为它违背既有的规则，我们通常把它作为既有规则的一种临时性的变异来看待和使用。

反之而言，一些因个体上的差异而出现的例外情况也不能否定统计学结果在整体层面上的合理性与适用性，更不能因此而误读误用统计学的结论。也就是说，如果仅因为王爷爷既吸烟又身体健康的个体差异就误读或否认"吸烟有害健康"这个一般性的统计结论，其后果是非常有害的。

3.1.3 全方位考察一下特例

根据数学原理，要证明一个命题是真命题，必须要证明所有满足条件的情形命题成立；而要否定一个命题，则只要找到一个反例即可。反例法则是只要找到一个满足条件而不能得出结论的例子，就可以否定这个结论。

那么，王爷爷满足常年吸烟的条件却没有患肺癌，他的例子是不是足够反驳"吸烟有害健康"这个结论呢？

反例法的应用具有一定的局限性。如果一般性的结论成立，那么特例一定成立；如果特例成立，那么一般性的结论不一定成立；如果特例不成立，那么一般性的结论一定不成立。也就是说，如果吸烟的人一般都得肺癌，那么王爷爷吸烟，所以得了肺癌的事实是一定成立的；如果王爷爷吸烟却没得肺癌的特例存在，那么吸烟的人一般都得肺癌的结论则不一定成立；如果王爷爷吸烟没得肺癌的特例不成立，那么吸烟的人都不得肺癌的结论则一定不成立。

通常而言，一般性的统计结论是发生概率较大的事件，而像上文的王爷爷吸烟却没有得癌症这样的特例发生的概率事实上是很少的，因为一个人的健康长寿与否不能单看是否吸烟这一个因素，还与生活环境、生活习惯、家庭遗传等多种因素相关联。因此，我们在解释统计结论时还应考虑其他因素。

在现实生活中，这种用特例去反驳一般性结论的现象很多，并时有发生。

例如，面对"居民的收入水平随着受教育程度的提高而增加"这样的统计结论，肯定有人会拿出比如"谁谁谁当初没考大学一样收入很高""北大毕业的还不是在卖猪肉"等言辞来进行反驳。这是一个典型的用一个特例来论证整体的做法，甚至还有媒体对此进行推波助澜。

2003年7月，华商报一篇《北大才子长安街头卖肉》引发了国人关于"读书无用"的再次大讨论。

1985年，陆步轩以西安长安县文科状元考入北京大学中文系。1989年毕业后，他被分配到了一家柴油机厂工作，由于工作进行得十分不顺利，他选择离开。后来，陆步轩仍然生活不顺利，求职艰辛；虽做过一些小生意。然而这些生意都与他的专业毫不相关。

34岁时，陆步轩拿起了杀猪刀，在菜市场做起了一个卖猪肉的小贩。因为做一个屠夫并没有什么技术含量，连小学没毕业的人都可以做，因此，他的个人经历被社会媒体广泛关注，一度被推到了风口浪尖。

可是，这个受教育程度高收入却低（不符合"收入水平随着受教育程度的提高而增加"这样的统计结论）的特例后来怎么样了呢？

如今，这位陆步轩凭借其在北大的教育经历和能力水平，不仅自己养猪、卖猪，将卖猪肉这件事做到了"北大水准"，而且联合北大师兄陈生，一起打造出了年销售额超过10亿元人民币的壹号土猪品牌，还合伙创办了职业屠夫培训学校，亲自编写讲义，亲自授课，填补了国内市场上屠夫专业学校的空白；在此期间，他为母校北大累计捐款超过9亿多元人民币。在猪肉生意之外，陆步轩还写了一本书《北大"屠夫"》（2016年出版），书中回顾了自己一路走过来的辛酸，他说这世界上最大的谎言就是读书无用。

再来看一下"居民的收入水平随着教育程度的提高而增加"的统计结论，会有什么不一样的感悟呢？

在菜市场上卖猪肉的商贩那么多，凭什么北大毕业的商贩能卖出10亿多元人民币？如果没有接受过北大的高等教育，一个小商贩又凭什么能卖到10亿多元人民币呢？这个特例与"居民收入随着教育程度的提高而增加"的一般性结论恰恰是不谋而合。

从另一角度看，不可否认，特例更加容易受到社会关注。据教育部的数据显示，2021年，我国劳动人口平均受教育年限达10.9年，其中，受过高等教育的比例是24.9%。全国拥有大学文化程度的人口超过2.18亿，仅占14亿总人口的15.6%。可以看出，在国内，学历低的人数远高于学历高的人数，所以即便低学历者的成功率远低于高学历者，也照样会出现低学历者中会有大批高收入人士。低学历者可以出现高收入人士，但是出现的比率远远低于高学历者出现高收入人士的比例。

3.1.4　需要怎样检验特例

人们每天阅读资讯时的确需要一些统计学思维来怀疑里面引用的统计数据。尤其对于一些有特例现象或反例存在的情况更加需要大胆怀疑。在日常生活中，一边是科学的统计分析数据结论，另一边是实实在在的反常特例，我们该如何取舍，并据此准确地判断和做决定呢？

在具体工作中要努力防止两种倾向：不要用统计学上的结果来否定现实中的特例，也不要用现实中的特例来否定统计学上的结果。这在很大程度上是一种判断能力，需要建立在大量的观察和揣摩的基础之上。

如果在统计范围内的某个对象没有被抽取成为样本，那么这个对象的特征可能会出现一些不符合统计规律结论的特例情况，从而影响到统计结论的适用性。但是即便如此，在没有经过系统分析之前，不要急着于全盘肯定或否定一个结论。

这里有个可供参考的方法：一是通过大量观察和数据分析判断一般性的统计结论是否科学合理；二是专门制定一个相对客观和系统的测评标准来对"特例"目标对象直接进行评估检验，例如上文中常年吸烟、身体健康的王爷爷，检验一下他除了吸烟之外的其他生活行为和习惯等多方面因素。

3.2　你相信吃巧克力能减肥吗

巧克力香甜丝滑，味道令人愉悦，很多人都爱吃，尤其女生。可是巧克力所含热量比较高，爱美的女生们担心吃了巧克力会发胖。于是巧克力成为很多人喜爱却又不敢多吃的甜食。

有人说，纯巧克力也就是黑巧克力有助于减肥，因为它的热量低，里面所含的咖啡因有抑制食欲的作用，所含的纤维素还具有促进肠道蠕动、促进人体新陈代谢的作用。

这么听起来，你是不是有点跃跃欲试，就像图3-1中所示的那位女士一样，想马上拿起一块巧克力咀嚼咀嚼？

如果还有专门的科学研究对这个"吃黑巧克力能减肥"的问题给出了肯定的答案，并给出了确凿的研究证据，那么你是不是认为这种说法的可信度大大增加甚至毋容置疑了呢？

的确，有一项研究发现，低碳水化合物饮食的人每天如果吃一块巧克力，减肥速度会快10%。而且吃巧克力不仅能加速减肥，还能带来更健康的胆固醇水平和整体幸福感的提高。该研究的主要作者是饮食与健康研究所（Institute of Diet and Health）研究主任约翰内斯·博安农（Johannes Bohannon）博士。

来源：本图由智谱清言 AI 生成

图 3-1　一位边健身边吃巧克力的女子

3.2.1　感觉反常识吗

上述研究发现的确令人欣喜。不过仔细想想，是不是感觉这个研究结论有点反常识呢？

我们都知道，任何一种减肥方法的基本原则都是控制人体的总能量摄入，消耗掉身体里多余的脂肪。

巧克力是一种高能量食物，按理说吃巧克力不能减肥，而且还有可能会增肥。普通牛奶巧克力、白巧克力，虽然它们的可可含量都较低，但基本都添加了糖、食用香精等来增加口感，添加剂也容易让人发胖。黑巧克力一般指可可固形物含量（包括可可粉、可可液块、可可脂等）介于 70% ~ 99% 的巧克力。即便是可可含量达到 99% 的黑巧克力，其中的可可粉（每 100g 含有 320cal 的热量）和可可脂（每100g含500～800cal的热量）的热量也并不低，甚至比杏仁（每100g含有约500cal热量）还要高。除非是用黑巧克力代替其他食品，否则贸然摄入，只能有增肥的结果。

况且，先前的多项研究表明：一个人吃巧克力的多少与其长期体重增加之间存在剂量依赖关系，如果一个人经常大量摄入巧克力，他吃的巧克力越多，那么他长期体重增加的风险就越大。这些研究还强调食用巧克力等高能量、高糖食物可能会影响人体的昼夜节律系统与新陈代谢活动，进而会增加肥胖风险。

通常意义上看，无论是科学研究还是常识判断，几乎都一致认为，吃巧克力不可能会减肥。

3.2.2 风靡全球的报道

"吃巧克力可以减肥"这个观点曾在2015年左右被世界各国的媒体争相报道，可谓风靡全球。相关科研文章发表在欧洲发行量最大的日报《图片报》（*Bild*）的头版并紧挨着关于德国之翼坠毁的消息，可见其新闻价值之高。从那之后，它逐渐蔓延传播到20多个国家并在6种语言中成为新闻。无论学术杂志的编辑，还是世界各种大报小报的记者和编辑，曾一度争相报道这个听上去既前沿又让人喜闻乐见的研究，进而引导了全世界上百万的读者去相信这个减肥神话，甚至在全球范围内引发了一股黑巧克力购买潮。

这个观点随后还陆续进入了《每日星报》《爱尔兰考官》、*Shape*杂志、*Cosmopolitan*的德国网站、《印度时报》《赫芬顿邮报》的德国和印度网站，甚至美国德克萨斯州的电视新闻和澳大利亚的早间脱口秀节目对此观点也进行了讨论。

3.2.3 使用化名的作者

上文提到的媒体报道所引用的原研究论文发表在2015年的《国际医学档案（International Archives of Medicine）》期刊（Vol. 8 No. 55）上，论文的主要署名作者是饮食与健康研究所的研究主任约翰内斯·博安农博士。

据维基百科资料显示，这位作者的原名是约翰·博安农，博士毕业于牛津大学分子生物学，曾以科学记者的身份撰写调查科学新闻而闻名，后来就职于美国旧金山的一家人工智能公司。

担任记者时，博安农经常为《科学》（*Science*）期刊和《连线》（*Wired*）等著名杂志撰稿，曾经发文嘲讽科学界各种审核不严谨的学术杂志社，抨击他们发表论文不经过同行审阅，甚至只是收个版面费就直接发表。

约翰·博安农曾于2013年7月4日化名为非洲生物学家Ocorrafoo Cobange向《自然生物制药》杂志投稿，声称自己是在位于厄立特里亚首都阿斯马拉的Wassee医学研究所（the Wassee Institute of Medicine）工作，在研究一种青苔提取物所具有的抗癌性能，并收到了发稿通知。当然，一切都是他虚构的。

这篇关于吃巧克力有助于减肥的研究论文（Chocolate with high Cocoa content as a weight-loss accelerator）是博安农博士故意"编造"的论文之一，目的是试探学术杂志的审核底线。

虽然这篇论文是"编造"的，但是论文中所提到的整个研究过程却是真实的。博安农确实招募了志愿者进行试验，论文中的数据与实验中的数据相吻合，论文写作也符合学术规范，又最终发表在《国际医学档案》上。难怪这个"吃巧克力能减肥"的观点能够传播得这么广、这么深入人心。

3.2.4 研究过程是这样的

根据博安农描述，这项研究通过在Facebook上招募志愿者来参与一项周期为3周（21天）的饮食实验。参与实验的人员平均年龄为29.6岁（分布在16～67岁之间不等），平均体重81.5kg。在最初发表的原文中，研究者没有透露参与实验的人员总数，只是提到参与实验者的三分之一是男性，三分之二是女性。

进行具体实验时，这些参与实验的对象被随机分成三组：第一组是低糖减肥组，第二组是低糖加巧克力减肥组，第三组是对比控制组。

前两组实验人员被要求尽可能多吃低糖分的食物。其中，第一组人员每天吃低碳水化合物食物，第二组人员每天吃同样的低碳水化合物食物，外加一条 1.5 盎司（约合 45g）的 81% 的黑巧克力。第三组对照组的人员则照常饮食，并被指示不要改变他们之前的饮食习惯。之后，研究人员每天早上测试这些实验人员的体重、胆固醇、血压等指标，并填写调查问卷，如此持续了 21 天。

实验结束后，分析人员对所有测量数据进行分析，发现对照组人员的体重基本不变，而低糖和低糖加巧克力两个组的实验人员都平均减掉 5 磅（约 2kg），并且第二组低糖加巧克力组人员的减重速度比第一组的减重速度快了 10%。同时，第二组低糖加巧克力组人员不仅胆固醇含量降低了，而且在幸福感调查中具有更好的胆固醇读数和更高的分数。整个实验的数据统计分析结果具有显著性差异，即 p 值 <0.05。

3.2.5　问题出在哪里

这个看上去非常规范和科学的"吃巧克力能减肥"的研究结论为什么被称之为编造的"伪科学"呢？

整个实验、实验数据以及分析结果看起来都没问题，那问题出在哪里呢？

这一研究的作者博安农后来发表了一篇文章《我就这么用巧克力能减肥骗过了上百万人》。在文章中，他详细地叙述了编造"新成果"的过程，将"伪科学"的炮制过程公诸于众，表示整个实验结果是为了统计学上的巧合而特别精心设计的。

作者在这篇揭秘文章里公布：参与实验研究的志愿者只有 15 人（4 名男子和 11 名女子），被分成三组，每组仅包含 5 人。这些志愿者每天要被测量 18 个不同的指标项数据，包括他们的体重、胆固醇、血压、血钠含量、蛋白质水平、睡眠质量、幸福感等。而在这 21 天中，研究者恰好发现了第二组（低糖加巧克力组）的体重和胆固醇含量是最低的。

在博安农的这个研究实验中，实验样本量很小，测量指标很多，这会导致研究结果的误差偏大，代表性偏低。低糖加巧克力组实验人员的体重减少，完全可能是因为某位参与者个体差异的干扰因素导致的。当实验样本很小时，这种个体差异对结果的影响就会被扩大。

此外，在通常情况下进行数据分析时，如果分析的是关于不足样本的大量指标测量数据，那么几乎可以百分之百地会得到一个"统计上显著"的结果，但这个结果是没有意义的，因为将大量指标在小样本中进行任意比对，得到的结果既可能是体重和胆固醇组合的显著变化，也可能是睡眠质量或血压降低组合的显著变化，或者是任意可能指标偶然组合的显著变化。

之所以说这里的统计分析"显著"的结果是没有意义的，主要原因在于：统计显著性 p 值只是衡量数据中信噪比的一种方法。"显著"的传统阈值为 0.05，这意味着分析结果随机波动的可能性只有 5%，也就是比所得到的样本观察结果更极端的结果。这就是需要使用大量的样本，并在各实验组人员之间平衡年龄和性别的分布的原因。

可见，出现问题的关键点在于样本的数量，这是该实验设计和分析存在的漏洞。

很明显，《国际医学档案》期刊在最初发表这篇文章时没有质疑研究者的实验样本数量，也没有进行同行审阅。当然，没有审核出作者博安农使用的是化名而非真实名字，也没有审核出作者所属机构饮食与健康研究所只不过是一个网站，更没有审核出一位分子生物学的博士进行人类饮食实验研究结果的可信度。

后续的媒体报道都大肆宣扬"吃巧克力能减肥"这个颠覆性结论，几乎没有人提及这个原始研究的样本数量问题。大家在惊叹、欣喜这个观点时，多数都忽略了明显的研究实验的设计缺陷。研究者博安农也表示，在整个观点结论的传播过程中，鲜少有人向他求证这个观点的准确性。

3.2.6　类似的形形色色的研究

无独有偶，有另一项据称是哈佛医学院关于巧克力的类似研究，研究人员发现，吃巧克力有时不会引起体重增加，反而可能有助于身体燃烧脂肪，降低血糖水平，关键在于吃巧克力的时间。

为了弄清不同时段吃巧克力对身体的影响，研究人员对19名绝经后妇女进行了一项随机对照的交叉实验。在自由进食的情况下，晨间组与晚间组的受试者在早晨（起床后一小时内）或夜间（睡前一小时内）食用100g的牛奶巧克力（约542cal，约占每日能量摄入量的33%）；另外还有一组人员不吃巧克力。两周后的实验结果表明：尽管巧克力增加了人体的热量，但晨间组与晚间组的受试女性的体重并没有明显增加。并且，在早上吃巧克力的受试女性的腰围还缩小了。

在知晓了前一项博安农的"吃巧克力能减肥"的"伪科学"研究之后，这次可以首先怀疑一下这个绝经后妇女"早晚时间吃巧克力能减肥"的结论。仔细分析后，他们发现这项研究也存在着同样的漏洞：受试者数量很少，只有19位。这么少的样本量将放大不受控制的因素的影响。毕竟，女性受试者除了在早晨、晚间一小时内吃定量的巧克力之外，她们一整天都在吃的自由食物是什么、有没有吃其他减肥产品、有没有进行运动锻炼等都值得深究。这就是为什么说需要使用大量受试者的研究结果才可信。

还有一项关于减肥的报道给出了"裸睡可以燃烧更多热量"（Sleeping naked can burn more calories）的观点。在这个研究中，研究对象为5名健康的男性，平均年龄为21岁。在实验过程中，这些研究对象每天白天进行常规活动，晚上回到房间裸睡，研究时间长达4个月，每个月的房间温度被分别设置为24℃、19℃、24℃、27℃。

最终的实验结果显示，在暴露于轻度寒冷（19℃）环境一个月后，参与者的棕色脂肪量增加了42%，脂肪代谢活动增加了10%。恢复到正常温度（24℃）后，这些变化又恢复至原来的水平。而在最后一个月温度略高（27℃）的环境下，所有的变化又完全逆转。这个研究总结下来就是，人们可以通过裸睡（保持身体凉爽）增加棕色脂肪。人体的棕色脂肪具有御寒功能，还能通过燃烧多余的脂肪和糖分产生热量，防止体内储存过多的脂肪。

实际上，关于裸睡能减肥的这个研究同样受试者数量很少，只有 5 名。对于 5 名健康男性而言，是否裸睡、在什么温度下裸睡，他们的体重变化都有很大的偶然性，因为研究没有提及他们在其他的时间段有没有进行过长跑、爬山，或是踢了一场挥汗如雨的足球赛。况且，5 名健康男性的体重也代表不了整个人群的体重情况。所以该研究结论在统计学上也不具有意义。

不难发现，类似的令人惊叹的研究报道近年来频繁出现，例如"吃盐对人体有益""吃盐对人体有害""猪油是健康油""做家务能降低中国男性死亡率"等，都吸引了大量公众的眼球，成为人们茶余饭后的热门话题，但它们的科学指导性却令人担忧。"吃黑巧克力能减肥的神话"破灭后，人们除了失望，同时也陷入疑惑：各种各样的研究层出不穷，每一项研究的背后又都有各种实验和数据支撑，该怎么判断并筛选有效、可信的统计信息呢？

3.2.7 警惕那些小样本研究

一般来说，样本数量比较小的研究是有问题的。

人们面对的客观对象巨大而复杂，在时间、成本、能力等因素的限制下，没办法做到全量数据的测量，只能抽取一定数量的、尽可能地代表整体的样本进行测量，再据此估计整体的特征情况。在测量或实验时，如果对受试对象有破坏性影响，也不能进行全量数据的调查，而是只能从全量的研究对象中抽选一部分样本进行研究，再据此对全部研究对象进行估计和推断。当抽样的样本数量足够多时，其统计分析结果与总量统计分析结果之间的偏差会很小，所以一般就通过抽取足够的样本来了解总体情况。

置信区间是指由样本统计量所构造的总体参数的估计区间。在置信水平固定的情况下，样本量越多，置信区间越窄。也就是说，对于给定的效应大小，样本量越大，成功检测到该效应的可能性就越大（这种可能性称为统计功效）。因此，使用数量较大的样本可以减少有某效果存在但未发现该效果的可能性。

如果样本量很小时，那么在同样的置信水平情况下，置信区间就会很宽，发生实际存在某效果但没有成功检测到它的可能性就很大。用这样的检测效果去估计整体的真实情况将会充满很大的不确定性，可能会高估或低估实际效果的大小，甚至导致严重的误判。

因此，基于小样本的统计数据的分析结果是不可信的。几乎没有人认真对待少于 30 个受试者的研究。

3.2.8 警惕只说结论的新奇观点

随着信息渠道的增加，各种颠覆的、猎奇的新研究如雨后春笋般冒出，除了带给人们新鲜感以外，也给人们带来了困惑。到底哪些研究结论才是可信的？这个问题值得人们认真反思。网络媒体有时会有意或无意地用统计数据制造出一些新奇观点来吸引公众的眼球，我们通常把这种行为称为媒体骗局（media hoax）。

毕竟，带有统计数据的文章和新闻总是更容易让人们相信，尤其是来自科学实验研究的统计数据，用数据说话更容易令人信服。因为在多数人的印象中，一项科学研究从数据的收集、预处理到数据的可视化与最终模型的选用，通常来说，每一个环节都应该是被科学谨慎地对待的。

但是现在有些研究从一开始的数据收集就称不上"科学"了。有的研究故意捏造数据，或者人为地、选择性地扩大或者挑选样本，从而造成对信息接收方的误导；有的研究即便使用的是真实数据，却带有样本选择偏差的先天缺陷，从而得到有偏差的结论、结果甚至谬论。更别说有些掌握统计操纵技巧的"专业"人士故意利用统计数据制造出一些类似"吃巧克力能减肥"的新奇观点来误导人们。毕竟，"操纵抽样是操纵统计数据的第一步"。

所以，面对一个基于统计数据分析的某研究结论，要有意识地确认：这个数据究竟是整体还是样本，抽取的样本量是否足够多，样本在整体中的占比是多少，使用什么方法进行抽样等，并估计一下：原始值的规模有多大，选取的样本对想要表达的观点是否有意义。

特别注意，假如有人只告诉你某项科研新成果的惊人结论并号称在"统计学上显著",却不提样本量多大,你应该首先在心里打个问号。

3.3 到底能不能"开灯睡觉"

大家都知道患有近视对生活、学习、工作都不方便,所以众多家长们对孩子们的眼睛细心备至,时刻防护近视发生。

在 2022 年第 27 个全国"爱眼日"前夕,国内各大媒体纷纷报道了困扰国内多达 6 亿患者的近视成因和危害问题,尤其重点关注了儿童、青少年眼健康的问题。例如,文汇报《孩子怕黑,睡觉留盏小夜灯?研究表明:开灯睡觉近视可能性更大》,科普中国的《我国患者已超 6 亿人!严重可致盲!这一烦恼,多晒太阳可预防》,文章的阅读量都超过了 10 万,并且被央视财经、光明网等多家知名主流媒体转载。

3.3.1 媒体说的好可怕

这些大热的文章都不约而同地关注了一个"儿童、青少年开灯睡觉与患近视的关系"问题,强调家长要在保证孩子充足睡眠时间的同时,也要意识到全黑睡眠时的光照环境对孩子眼健康的重要影响。上海市儿童医院某主任医师指出,即使孩子睡觉时闭上眼,一旦环境中有光源,其睫状肌还是会处在一个活跃的状态。没有得到充分的放松休息,增加了患近视的可能性。

也就是说,如图 3-2 所示,当孩子在睡觉时,卧室的灯却是开着的,这种场景是绝对不允许的。

很多人看过这些文章之后纷纷感叹,保证严格的全黑睡眠环境对儿童、青少年的近视防控至关重要,因为文中引用的统计数据显示导致孩子患近视的原因之一就是开着灯睡觉。

瞬时间,到了孩子们晚上睡觉时,老爸老妈们吓得急忙关上孩子们卧室的灯,在伸手不见五指的黑暗中,摸索着给襁褓中的宝宝喂奶、换尿布。那些年龄大一点的孩子的家长,不少则陷入自责:是不是孩子小时候睡觉时没关灯才导致孩子现在患近视了呢?

同时,家长们也在纠结:夜间开灯睡觉到底是不是孩子患近视的直接原因呢?开灯睡觉和不开灯睡觉哪个危害更大?到底该不该开灯睡觉呢?

来源:本图由智谱清言 AI 生成

图 3-2　一个正在睡觉的儿童

3.3.2　那个统计靠谱吗

上述这些大热文章,几乎都引用了一项研究作为证据,这项研究称夜间"开灯睡觉"的孩子们患近视的可能性更大。那么,关于到底能不能开灯睡觉的问题,答案就在这项研究之中。

这些媒体文章是这样报道的：根据美国宾夕法尼亚大学医疗中心的一份对479名0～16岁儿童的调查发现：夜里开灯睡觉的孩子将来发展成近视的可能性更大，对不到2岁的孩子影响尤其严重。具体而言，若孩子2岁前睡在黑暗的房间中，患近视的比例仅为10%；若是睡在装有小夜灯的房间中，患近视的比例为34%；若是睡在开着大灯的房间中，患近视的比例高达55%。

这些清晰确凿的统计数字，令人们尤其是家长们不得不信服、感叹，全黑的睡眠环境对儿童青少年的眼健康实在是太重要了，孩子睡觉时绝对不能有一点光亮。

3.3.3 追根溯源看一看

我们再看一下这项研究的原始论文是怎么说的。

它被追溯到1999年《自然》(Nature)杂志上发表的一篇文章。原文标题是《近视和夜间环境照明》(Myopia and Ambient Lighting at Night)，作者共有5位，分别来自美国宾夕法尼亚州大学医学院费城儿童医院和宾夕法尼亚大学医学院谢伊(Scheie)眼科研究所。

在文中，研究者首先指出了近视的形成原因及危害，称近视通常是由出生后眼睛过度生长引起的，特别是在玻璃体腔中，近视是成人获得性失明的主要风险因素，因为它使个体易患视网膜脱离、视网膜变性和青光眼；并表示，关于近视的病因目前人们知之甚少，可能涉及遗传和环境因素，例如近距离观察物体，但是尚不清楚近距离观察物体是如何刺激眼睛生长的。

紧接着，研究者详细介绍了自己所进行的关于光照对视力影响的研究，并声称发现了近视与两岁前儿童睡眠期间夜间环境光暴露之间存在密切关联，表明开着灯睡觉的婴幼儿在今后的生活中更容易发生近视。同时研究者还强调，儿童早期夜间照明与近视之间出现了明显的剂量依赖性关联。在黑暗中睡觉的儿童有十分之一患有近视，而在夜间开着灯睡觉的儿童和全开灯睡觉的儿童患近视的比例分别为 34% 和 55%。结果在 5% 的显著水平上具有统计学意义，并根据年龄进行了调整。

这项研究发表后立即引起了人们的极大兴趣，相关发现也得到了广泛宣传。

此时，我们可以判定：前文媒体文章引用的几个统计数据都准确无误。没错，原文就是这么说的。

但是，开灯睡觉更容易患近视这个结论真的科学吗？

3.3.4　样本好像不对劲儿

统计结果的可信度在很大程度上取决于样本数据。

让我们再来看一看美国宾夕法尼亚大学的这个研究的样本情况。

这项研究是基于对美国三级转诊中心眼科诊所的儿童而进行的调查，它的样本对象就是美国三级转诊中心眼科诊所的儿童及其家长。

与国内不同，在美国就医采取的是三级诊疗制度和双向转诊制度，即家庭医生、专科医生、医院。病人看病首先要找自己的家庭医生，如果家庭医生认为有必要，会将患者转诊给专科医生做进一步的检查、诊断和治疗；如果病情需要住院治疗时，家庭医生或专科医生会联系合作医院将患者转入治疗；当病情缓解后，病人再转回医生诊所复诊。可见，被转诊到美国医院的患者患有的基本上都不是普通的常见病了。

那么，问题出来了！

这项统计调查的对象是在三级转诊中心眼科诊所的儿童。也就是说，被调查的这些人群中，受试者已经经过家庭医生和专科医生的两级眼科检查诊断过了，因近视问题严重才被转诊，他们的近视患病率本身就相当高了。

后面显而易见，研究人员通过向这些儿童的家长发放调查问卷，调查他们的孩子目前和过去的照明情况，包括在家、日托和学校的照明情况，他们的孩子是否戴太阳镜等问题，所得到的研究结果应该是适用于已在美国三级转诊中心就诊的儿童近视患病受夜间照明影响的情况，而不能代表全部美国儿童因睡觉开灯而患上近视的情况，更不能代表其他国家的儿童视力受夜间照明影响的情况，因为基于不具代表性的样本所做的研究结果可能存在着重大差异。

由此可见，这项研究的样本代表性小，结果误差大。"睡觉时开不开灯究竟是否直接导致近视"这个问题的结论是不确定的。

3.3.5 原作者也承认样本有问题

宾夕法尼亚大学医疗中心的研究人员也在文中强调说，在进行更大规模的前瞻性研究之前应谨慎对待这个结论。例如，他们无法排除父母近视对孩子患近视造成的混淆。文章作者之一、美国宾夕法尼亚州谢伊眼科研究所高级研究员和眼科教授 Richard Stone 后来也表示"该研究并未确定儿童早期的夜间照明是导致近视的直接原因"。

经后续的其他相关研究发现，真实的状况是近视的父母可能更习惯在开灯的状况下照顾婴幼儿，而患近视的父母的孩子也更有可能患有近视。也就是说，开灯睡觉与儿童近视这两个相关因素是由患近视的父母造成的两个结果。

至关重要的是，研究人员发现当前的夜间照明与儿童视力问题之间没有联系。

随后，宾夕法尼亚大学的原班研究人员在 2000 年的《自然》杂志上发表回复文章，标题为《回复：近视和夜间环境照明》（Reply: Myopia and Ambient Lighting at Night-Time）。在回复文章中，作者承认了他们的受试者太年轻（平均年龄为 8 岁），近视患病率相当高，为 28%，这个数字本身对于年轻的美国人口而言已经相当高了，即便在三级医疗人群中所占比例也过高，并且受试者受到更严重影响的早发性近视影响。可见，这项研究的样本具有很大的局限性。

虽然扰乱日常明暗照明周期可能会影响儿童的眼睛发育，但是这是否是造成儿童近视的主要原因还需要进一步研究光照、黑暗和近视发展的相互作用。至于在婴儿期缺乏每天的黑暗期是否会加速近视发作或在可能易患更严重的病症形式的儿童子集中引发病症，这个结论仍有待确定。

对一些研究者因无法找到在 2 岁之前儿童近视与夜间环境照明的强烈关联，

而将结果归因于患近视的父母在晚上照亮孩子房间的倾向,宾夕法尼亚大学的原班研究人员对此表示了不认同。

他们表示,对近视的家庭的研究通常难以将环境因素与遗传因素区分开来,因为近视的家庭相关性随着年龄差异的增加而降低,并且随着对教育和近距离工作环境因素的调整,家庭内近视相似性降低。因此,不能排除代际共享行为(例如使用夜间照明)与近视的家庭关联性有关。通俗地说,就是一个家庭中的相似行为可能增加了孩子患近视的可能性。

3.3.6 证据无效,晚上睡觉踏实了

从统计学角度来看,样本的代表性问题决定了一项研究结果的可信度和适用性。如果所选取的样本不具有代表性,那么研究结果就会存在很大误差,甚至严重偏离真实情况。可见,夜间该不该开灯睡觉这个问题看起来与孩子患近视有关系,但是,这个说法没有科学证据的支持,两个事件之间更是不存在因果关系。

看到这一结论之后,父母们可以放心了,也不必再纠结自责了。

大数据时代,数字可以很容易地欺骗我们。抛开那些对数据动手脚、故意利用"数据说谎"的情况,即便是真实的数据也可能令我们的认知产生偏差。在媒体报道、论文、报告等里面,数据都可能使得人们有意利用统计的方法得到自己想要的结果,或者无意间从统计数据中得到一些谬论。这些谬论造成的后果可能小到孩子们不敢开灯睡觉,也可能更严重,扰乱人们正常的生活、工作或因数据而作出错误的决策。长此以往,这才是一件很可怕的事情。

3.4 哪里安装钢板能降低飞机被击落的概率

影响到统计结论适用性的因素,除了上文讲的某些特殊的对象没有被抽取成为样本的情况,以及样本抽取数量太小,出现极端小样本或者无样本的情况,或

者小到使全体被研究对象的特征不足以被显示反映出来之外,还有一种情况是样本选取偏离了总体对象,这种情况被称为样本偏离。

2018 年我国高考出了一道颇具统计学样本偏离色彩的作文题目。当年,有人说这个作文题目出得非常有水平,既有思考深度,也很有现实意义;也有人吐槽,说这个题目太难了,并且根本就看不懂。

当年的高考作文题目如图 3-3 所示。

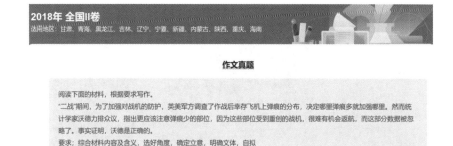

来源:百度作文 - 高考作文

图 3-3　高考作文原题

3.4.1　哪些部位更脆弱

第二次世界大战期间,为了加强对战斗机的防护,降低飞机被敌人轰炸击落的损失,英美军方希望增加战斗机的装甲厚度以增强防御性能,但装甲会增加飞机的重量,如果加厚全部装甲,会降低飞机的灵活性,减弱飞机的机动性,还会消耗更多的燃油;而且当时由于物资有限也无法给整架飞机都加上装甲。防御过度并不可取,但是防御不足又会带来问题。所以,在这两个极端之间需要一个最优方案:只增加飞机受攻击最多部位的装甲。

为了找出最优方案,工作人员需要研究出飞机上的哪些部位是最脆弱的。军方为统计研究小组提供了一些可能用得上的数据:美军飞机在欧洲上空与敌机交火后返回基地时飞机上会留有弹孔,如图 3-4 所示,经过对那些实际中弹并飞回来的飞机采集数据进行分析的统计绘制出飞机中弹统计图。

来源：本图由智谱清言 AI 生成

图 3-4　战斗机被攻击的部位示意图

如图 3-4 所示，中弹飞机上的这些弹孔分布并不均匀，机身上的弹孔比引擎上的多；有的飞机上的引擎、飞行员的座舱和飞机尾翼一片空白，没有中弹点。相比而言，大部分飞机的机翼弹孔较多。

军方由此得出轰炸机的机翼和机身容易中弹的结论，并且认为，应该在机身中弹多的地方加强防护，建议在机翼和机身处安装装甲钢板并增加厚度，而驾驶舱和引擎由于几乎没有中弹所以不用管。

但是，一位名为沃德（Abraham Wald）的数学专家却针对这个飞机中弹部位的数据提出了不同观点。

3.4.2 关于选取样本和推论的不同声音

这位提出不同观点的专家全名为亚伯拉罕·沃德（Abraham Wald，1902—1950），他是一位罗马尼亚裔美国统计学家。沃德于1931年从维也纳大学博士毕业，随后在哥伦比亚大学做统计推断理论方面的研究工作；主要从事数理统计研究，用数学方法使统计学精确化、严密化，并取得了很多重要成果。

沃德指出了军方在调查和推断飞机被轰炸的脆弱部位过程中的错误假设和漏洞。在这个例子中，军方人员在不经意间做出了一个假设：返航飞机是所有飞机的随机样本。如果军方的这个假设成立，仅依据幸存飞机上的弹孔分布情况就可以得出结论，那么其前提则是无论飞机的哪个部位被击中，幸存而成功返航的可能性是一样的。

与军方的分析思维方式不同，沃德基于统计学的思维逻辑，指出军方的这个假设根本不成立，因为飞机幸存的概率与弹孔的位置具有相关性。在胜利返航的飞机中，机翼、机身与机头都留有弹孔，但是引擎上却一个弹孔也找不到，这个现象可能有两种原因：一种是敌人的子弹打不到或故意不打中飞机的引擎，而是专门打飞机的其他各个部位；另一种就是因为引擎是飞机的死穴。这两种分析都可以解释这些数据，显然，第二种更有道理。

也就是说，基于一个错误假设，军方专家只统计分析了这些成功飞回基地的飞机中弹的数据，遗漏了那些没有飞回来的飞机中弹的情况。

沃德接着进一步提出了一个问题：假设飞机各部位被敌人击中受到损坏的概率是均等的，但是引擎罩上的弹孔却比其余部位少，那么，那些失踪的弹孔在哪儿呢？

沃德深信，这些弹孔应该都在那些未能返航的飞机上。

那些胜利飞回来的飞机的引擎上的弹孔比较少，其原因是引擎被击中的飞机未能返航。如果是引擎、座舱这些部位中弹，那些飞机或飞行员可能已经遭受致命伤害而坠毁，根本就没有机会飞回来！因此，从成功飞回基地的飞机数据中，也就统计不到座舱中弹的位置。

也就是说，这些飞机之所以能飞回基地，是因为机身、机翼中弹并没有对飞机造成致命伤害，更是因为飞机的引擎和座舱这些部位没有中弹。大量飞机在机身被打得千疮百孔的情况下仍能返回基地，这个事实充分说明机身是相对不脆弱的，可以经受住打击，因此无须加装装甲。

因此，沃德认为应该注意防护弹痕少的地方，需要加装装甲的地方不应该是留有弹孔或弹孔多的部位，而应该是没有弹孔或弹孔少的部位，也就是建议给飞机的引擎和座舱加装装甲。

3.4.3　有偏差的样本会导致错误的结论

在这个研究中，研究的目标总体是所有盟军的飞机，而可供选择的实际样本却是已经飞回来的飞机，没有包含已经损毁的飞机。以飞回来的飞机作为统计样本显然不具有足够的总体代表性；如果用这些具有同样特征（受伤）的某一类部分数据为样本来对总体进行推断，得出的结论只是基于部分数据的结果，带有明显的偏差性，很可能是错误的。

通过分析那些被击落的飞机，沃德总结出了"幸存者偏差"（survivorship bias）这个概念。据说，沃德就关于飞机被击落问题先后提交了8份不同方面的报告，其中的主论文为《一种根据幸存飞机损伤情况推测飞机要害部位的方法》，经过诸多详细而严谨的论证分析才作出了精准判断，找到了战机隐藏的危险。

事实上，样本选取中的幸存者偏差情况时常发生。用有严重偏差的样本去对总体做推断，所得出的结论需要被警惕。

如果去战地医院的病房看看，就会发现腿部受创的病人比胸部中弹的病人多，其原因不在于胸部中弹的人少，而是人在胸部中弹后难以存活。

如果看看比尔·盖茨、乔布斯、扎克伯格的成功经历，就会发现没有大学毕业的人比大学毕业的人所获得的财富更多，其原因不在于去大学读书没有用，而是那些成千上万的其他没有上大学的人被忽略掉了而没能进入样本集合。

如果在收集用户满意度调查问卷时，问卷中包含这样一个问题："你乐意回答调查问卷吗？"会发现结果中有多数人选择了"乐意"，其原因不在于持否定意见的人数量少，而是那些不乐意的人已经随手将问卷丢进垃圾篓中，也没能进入样本，结果是基于有偏差的样本而得出的。

正是由于这种幸存者偏差发生得如此隐蔽，容易迷惑人们做出错误判断，所以统计学思维彰显了其重要性。高考作文题目恰恰是要考验莘莘学子们在识别出那些"看不见"的偏差方面的能力。从这个意义上看，这个高考作文题目值得称赞。

3.5 样本越多越准确吗

既然样本数量少可能会导致样本偏离总体的情况出现，那么是不是在进行统计分析时使用的样本数量越多越好，越多越接近于总体呢？

3.5.1 用 200 多万的样本量，预测结果怎么失败了

美国总统选举每四年举行一次，由获得半数以上的选举人投票者当选总统。在选举投票日期之前，一些民意调查机构通常会就选民投票意向进行调查分析，基于调查结果对选举投票的最终结果作出先期估测。

这种民意调查预测不可能针对全体选民进行，而是按照随机的原则，即保证每一名选民对象都有同等被抽中而选入样本集合的可能，以保证样本的代表性，从选民中随机抽取样本而进行调查。显然，抽取的样本是否能够代表全体选民的意愿直接影响最终预测结果的准确度。样本选民数量越多，所得到的预测结果则越接近于全体选民最终的意愿。反之，样本如果是任意抽取的，那么结论很可能是偶然的。

1936 年是美国共和党的阿尔夫·兰登与民主党的富兰克林·罗斯福竞选美国总统。当时主流的民意调查是由《文学文摘》（*Literacy Digest*）杂志做的，该

杂志曾经从1916年到1932年连续五届准确地预测了美国总统大选的结果。在做1936年总统大选的民意调查时，这家公司发放了1 000万份问卷，回收量达到230万份，这个样本量无疑是巨大的。该杂志根据这些问卷的分析预测结果是兰登将会大比分战胜罗斯福而当选总统。

但实际情况却是罗斯福以62%对38%的比分获胜，拿下连任。这个预测结果令各界哗然。从此以后，《文学文摘》的民意调查可信度大幅下降，不久，公司便宣布破产。

当年，一个名叫乔治·盖洛普的年轻人和他的团队却只发放了5万份问卷，回收了1 000份，样本量只有《文学文摘》的万分之一，据此预测出罗斯福会以56%对44%获胜连任，结果因此一战成名。这位年轻人就是现在著名的盖洛普公司的创始人。自此，盖洛普民意调查成为了业界公认的可靠数据源。

为什么《文学文摘》的预测结果失败了呢？

原因是它的样本选择出了问题，问题的关键是抽样不平均。

《文学文摘》当年所做民意调查的抽样采取了便利性取样，样本对象都是从电话簿和汽车注册登记文档中选取的。1936年，美国的电话还不够普及，平均每4个家庭才有一家安装有电话，这些安装电话的家庭基本上都是较富有的家庭，而富人大多是共和党人。如此选取出来的样本中缺少了那些低收入选民，而这些选民其实是倾向于民主党的。依据此样本而预测出的结果自然是偏向共和党候选人。

对象覆盖不足是便利性选样的一个弊端。《文学文摘》尽管做民意调查时使用的样本量巨大，但是其读者中共和党支持者所占比例远远高于美国总人口中的共和党支持者比例，导致了其样本本身不具备代表性，所以据此样本所做出的民意调查的结果与实际大相径庭。

另一个原因是当时问卷的回收率较低，只有24%，也就是说，收到问卷的大部分人没有进行回答。使用邮件调查经常会出现无应答情况的发生。其他渠道也有可能出现受访者不回答的情况，例如，有些电视节目在节目结束之后发出问卷，问观众们"对节目满意吗"，接着得出了95%满意的样本数据，原因可能是那些对节目不满意的人早就换台了；有些街头调研人员拦住路人询问是否愿意接受调研，也得出了95%的路人愿意接受调研的样本数据，原因可能是那些不愿意接受调研的路人根本不会停下脚步，不回答的对象还能被采样成为样本吗？《文学文摘》在1936年美国大选民意调查时所选择的样本就具有不回答偏见性或无响应偏差（non-response bias），这是一个关于样本选择的系统性偏差。

以上两种因素叠加，加重了《文学文摘》民意调查样本的偏差。

为什么盖洛普能够准确地预测结果呢？

原因在于盖洛普采用了较能代表实际选民特征的样本选择方法，即分层抽样的方法。他把美国人口根据收入水平、教育水平、族裔划分成不同的部分，并在各部分之中随机抽取选民，进而组成样本，因此得出的结果更加接近总体实际选民的特征。

对于美国总统大选，《文学文摘》使用230万份样本的预测结果不如盖洛普使用5万份样本的预测结果准确。可见，单纯地增加样本容量并不一定能增加预测结果的准确度。为了增加民意调查结果的准确度，需要通过科学的方法抽样，使得民意调查对象的人口结构和特征尽可能地接近最终投票的那些人。

总而言之，谁做民意调查时调查到的那些人更接近于最终投票的那些人，那么谁的民意调查结果就更接近实际情况。

3.5.2 便利性样本自然导致有偏差的结果

根据有偏差的样本进行分析预测，结果自然也是带有偏差的。虽然其显而易见，但是抽取样本时带有偏差的情况并不少见。

1948年的美国总统选举民意调查预测也出现了同样的样本偏差问题。当年的总统大选是在共和党总统候选人托马斯·杜威和时任美国总统、民主党候选人杜鲁门之间展开的。盖洛普的民意调查这次采用了定额抽样法，就是访问对象的总人数是固定的，但是访问对象可由访问人员自由选择。基于这种方法选取的样本，在正式选举前一天，盖洛普民意预测出杜威将以赢得49.5%的选票获胜，结果却是杜鲁门以 50% 对 45% 获胜连任。

盖洛普这次民意调查预测错误的原因在于，在实际调查中，由于访问人员可以自由选择访问对象，所以访问人员选择了比较多的共和党人作为访问对象。这是因为共和党人文化程度比较高，比较富裕，居住在比较好的街区，也因此比较容易访问，所以调查人员一般都喜欢采访共和党人。这就造成了抽样过程中的便利偏差（convenience bias）。基于这种偏差样本，分析预测出来的民意调查结果中自然会带有有利于共和党候选人杜威的偏性结果。

3.5.3 网络时代就能充分覆盖全部目标人群了吗

是不是在网络时代发生采样偏差的情况会有所减少呢？

事实上，新的通信技术手段的出现与应用为人们做民意调查带来便利性的同时，也可能会带来新的样本偏差情况的发生。

2008 年美国大选是在共和党候选人约翰·麦凯恩与民主党候选人贝拉克·奥巴马之间进行的。当时的民意调研是通过电话座机进行的。不过，移动电话在当时已经开始逐渐普及了，当时不仅很多年轻人已经不用座机只用手机了，而且一些家庭也不再安装使用住宅固定电话。移动电话的一个特征是，一个多成员家庭可能不仅只有一个电话号码，甚至一个人也可能拥有多个电话号码；另一个特征是移动电话和居住区域之间不是完全对应的，一个人可能居住在美国中西部地区，但是他的电话号码可能是在东部的纽约州申请注册的。

那么再看一下 2008 年基于电话座机号码所进行的样本选取情况，就会发现原有的基于住宅电话的抽样框出现了严重的覆盖误差，一部分已经使用移动电话的年轻选民被忽略掉了，从而产生了覆盖不全偏差（under-coverage bias）。如果仅依靠移动电话号码建构抽样框，则会产生选民样本与选区不对应的严重问题。这时，为了使所抽取的样本严谨且有代表性，抽样调查则不得不退回到原来传统的基于邮递系统的住址列表来选取有代表性的调查样本。

覆盖不全偏差在实际的调查统计时很容易发生。例如，要统计北京市的豪车数量，一个抽样调研的方法是在北京市的一条豪华街道上，比如会被称为"中国商业第一街"的王府井大街上记录过往的行驶车辆。这种调研方法虽然简单易行，但是可能错过以下几种情况：那些在其他路段行驶的豪华汽车，那些根本没被驾驶的豪车，可能被停放在家中、修理厂、展厅里的豪车。仅仅一条商业街上的豪车并不能充分覆盖整个北京城的豪车总体，也没有代表性。

3.5.4 Z时代样本对象选多了吗

2016年美国大选再次爆出冷门，当时的大选是在民主党候选人希拉里·克林顿和共和党候选人唐纳德·特朗普之间进行的。

考虑媒体民意调查一般是针对自己的观众调查，观众受媒体的影响，其结果自然和媒体的立场观点差不多，不具有代表性和广泛性，因此这里我们只讨论专业民意调查机构的调研。

大选前，众多专业民意调查机构的预测结果一直显示是希拉里获胜。大选实际结果却是被众多专业民意调查机构看好的希拉里·克林顿竟然败给了唐纳德·特朗普。抛开部分选民在临近选举日时改变了之前的选举决定，或从之前的不确定到转向特朗普，以及各候选人的竞选策略等其他诸多因素不谈，我们只从统计学抽样的角度来看一下当年民意调查的失败原因。

通常情况下，专业民意调查问卷发放的可能渠道包括邮件、固定电话或移动电话、网络、线下访问等。

随着经济和互联网技术的发展，移动电话到了2016年已不再是什么稀罕物件，互联网乃至移动互联网已经基本普及了。并且此时的抽样调查方法已经日趋严谨、科学、完善，相关机构还开发了许多民意调查辅助工具，例如网络问卷调查、随机数字拨号系统、交互式语音系统等。在实际调查时，辅助系统会通过电脑程序来随机选择受访对象，以确保每个人都会有同等机会被选到，他们还会在访谈之后根据美国人口调查数据进行权重调整。总之，整体上的调研设计与方法选择都基本符合了统计学的规律。

为了尽可能多地覆盖到全体选民，2016年的民意调查机构采取了多渠道混合模式。首先，盖洛普等民意调查机构沿用了传统的电话调查方式，仍然通过电话访谈来进行调查，每次访谈大约上千名拥有投票资格的美国公民。样本选取是基于固定电话和手机号码的随机数字拨号以及各州的选民登记文件。

其次，考虑到人们经常使用互联网，民意调查机构还采取了网络自愿式调查，就是民众可以通过网络平台直接点选问题的选项来回答。这种方式具有实时性与低成本的特性。网络调研所用样本来自调查公司建设的网络调查样本库。

此外，样本选取时还考虑到了上网和不上网的选民之间的系统差异。网络自愿式调查很容易将老人、低学历或蓝领劳动者排除在外，也可能错过那些无法上网的人群、对技术和电子设备没有知识的人，进而将错失大部分选举人的数据；同时，考虑到使用固定电话和移动电话的人群也不一样，后者一般为年轻人，在种族和民族上较为分化，而按照美国联邦法规的规定，交互式语音系统功能只能用于固定电话，而美国大约一半的成年人没有固定电话，因此一些民意调查机构采用电话或网络相结合的方式。

于是，当年的民意调查机构采用的调查方式主要包括网络自愿式调查、电话调查、交互式语音系统调查、交互式语音系统和电话调查的混合模式、交互式语音系统和网络调查的混合模式。

虽然看上去很完美，可是，在专业民意调查预测结果中，一直被看好的希拉里·克林顿在现实面前却败下阵来。

从统计学的样本来分析2016年这次大选调查失败的原因，会发现随着互联网的发展，那些被忽略了的沉默的大多数选民成为了影响调查结果的主导因素。

基于选民登记文件的抽样框要比电话号码建构的抽样框质量更好，但前者更适用于州内民意调查，对全国民意调查则不易获取。因此，仅采用交互式语音系统方式的州内民意调查，即使有选民登记文件作为抽样框，仍会存在严重的覆盖偏差。

网络民意调查的准确度也有很大问题，由于其虚拟性、没法识别年龄、国籍、变换身份、重复投票等特点，特别是具有高度的"选样偏误"（Selection bias），其可信度不高。再加上实际网络民意调查时没有通过抽样来决定受访者，导致网络民意调查的样本范围往往具有年轻及高学历的倾向，进而会高估年轻及高学历族群的意见。

在2016年的大选中，选民受教育的程度与对民主党派候选人的支持几乎呈直线上升关系，即选民受教育的程度越高，越支持民主党候选人。在民意调查的样本中，拥有大学学历的选民被过度代表，而低学历的选民代表性不足。民意调查机构对此没有做调整，结果在2016年的民意调查结果中存在较大的预测偏差，低学历样本的代表性不足将造成过高地估计民主党候选人的支持率。

此外，民众是自己选择（self-select）参与网络民意调查的，这类民众往往乐于在网络平台表达自己的意见，并且对政治议题较为关心。因此，网络民意调查的另一项偏差就是高估对政治有高度兴趣的民众的意见，使得调查结果的推论被扭曲扩大。这种样本选取被称为主动回应偏差（voluntary response bias）。

据说，与大部分看好希拉里的主流媒体不同，印度新创公司Genic.ai开发的名为MogIA的人工智能系统就正确预测了特朗普将最终胜出。

与其他调查公司主要依靠访谈和问卷的形式不同，MogIA的判断依据是收集自Google、Facebook、Twitter和YouTube等网站的超过2 000万个数据点，尽管希拉里的竞选经费是特朗普的5倍，在付费媒体上的投入是特朗普的6倍，但在社交媒体上希拉里却始终处于全面劣势。

虽然有人认为MogIA不能有效识别人们在这些网站留言评论中的"讽刺""反话""脑残粉""高级黑""似黑实粉"等细微之处，但这反而可能成为MogIA的优势，因为很多时候，点赞、转发甚至只是阅读、关注，就足以代表了那些"沉默的大多数选民"的真实想法。再加上网络民意调查对"网红"特朗普的追捧，虽然不会影响专家、精英，却会影响普通网民和选民，使他们在投票时选择顺应网络舆论。

3.6 小结：看穿样本

样本选取是统计分析的第一步。通过分析样本，我们可以甄别日常生活中的一些统计结论的背后的真相。

合理确定样本容量。样本量的大小取决于研究对象的变动程度，所要求或允许的误差大小，要求推断的置信程度。也就是说，当所研究的现象越复杂、差异越大时，就要求样本量越大。但是，样本大小与研究结果的可靠性并无绝对正相关，只要抽取的样本的属性或者特征能够有效反映出样本所属总体的属性或者特征，具有代表性即可。

只要掌握了这些知识，就既不会被小样本看似科学的结论所误导、迷惑，也不会过分信任那些使用大量数据的民意调查结果；既不会被特殊反例甚至有偏见的样本统计结果所迷惑，也不会被幸存者偏差所误导。学会用这样的思维模式去待人处事，增长智慧和思维能力，将让你的人生变得更好。

第 2 篇

统计分析实践

第 4 章　看透用什么方法分析数据
第 5 章　别忘了要进行数据检验
第 6 章　谨慎使用统计结果作决策

第 4 章
看透用什么方法分析数据

杨洋和黄雷都在阳光中学上学。在一堂社会学课上,老师讲到每个家庭的收入有高有低进而造成了贫富差距的问题。课后,杨洋和黄雷决定按照月收入多少来比一比各自的家庭收入情况。

他们统计了各自的家庭月收入。杨洋同学家里有爸爸、妈妈、弟弟、爷爷、奶奶。爸爸每月工资为 15 000 元;妈妈每月工资为 6 000 元。黄雷同学家里有爸爸、妈妈、弟弟。只有爸爸一人工作,每月工资为 20 000 元。统计结果是,杨洋家里每月总收入为 21 000 元。黄雷同学家里每月总收入为 20 000 元。所以杨洋得出结论:自己的家庭收入比黄雷家的收入高,更加富有。

然而,黄雷却不这样认为,他在这个结论上提出了一点质疑。他说:"杨洋,你只计算了收入总数,没有考虑到每个家庭的人口数量。别忘了,你家有 6 口人,我家里只有 4 口人啊。"黄雷的意思是,如果一个高收入家庭有许多家庭成员,那么平均每个家庭成员的收入可能并不高。同样,一个低收入家庭可能只有一个成员工作,但家庭成员少,每个家庭成员的收入可能较高。统计平均家庭收入可以更准确地反映学生家庭的经济状况。

杨洋意识到自己的错误之处,他感谢了黄雷的指正,并解释说:"你说得对,我犯了一个错误。仅仅计算总收入并不能准确地反映家庭收入的情况。为了更全面地反映家庭的经济状况,我们应该考虑到每个家庭成员的收入,并计算家庭成员的平均收入。"

于是，两位同学重新统计了自己的家庭收入、家庭成员人数，并得出了以下结论：杨洋家庭总收入为 21 000 元，家庭人数 6 人，平均每人收入 21 000÷6=3 500 元。黄雷家庭总收入为 20 000 元，家庭人数 4 人，平均每人收入 20 000÷4=5 000 元。结果是，黄雷的家庭成员平均收入比杨洋家的平均收入高。

可见，统计分析时要考虑到数据的背景和相关因素。仅仅统计单一指标可能会导致对总体情况的错误理解。选择合适的统计方法和考虑数据的背景是确保准确分析的关键。

不同的统计方法适用于不同的数据类型和分析目标，不同的统计方法有不同的假设和限制条件，了解了所使用的统计方法，可以帮助我们更好地理解数据的分析和解读过程，发现数据的规律和趋势，判断评估结果的正确性和可靠性。如果我们对分析结果有疑问，了解所使用的统计方法可以帮助我们验证结果的正确性。这对于作出更准确的决策和预测未来的趋势非常重要。

4.1 京港澳少年儿童绘画大赛为什么通过投票评比

2022 年，由北京市妇联指导、北京港澳台侨妇女联谊会主办的"放飞梦想——我是小小科学家"首届京港澳少年儿童绘画大赛在北京、香港、澳门同步启动。大赛 6 月至 7 月 15 日面向 3～14 岁京港澳少年儿童开放，参赛者可围绕科技、梦想、未来等主题展开创作，可采用国画、水彩、油画、数字作品、设计作品、装置作品和综合材料等多种形式。

大赛设置了儿童组和少年组，邀请中国紫檀博物馆馆长陈丽华担任评审团名誉主席，中国人民大学艺术学院院长张淳、国际平面设计大师靳埭强、澳门美术协会理事长吴卫坚等京港澳嘉宾组成评审委员会，每组分别评选出特、一、二、三等奖和优秀奖。

历经 2 个多月的作品征集，组委会共收到京港澳少年儿童参赛作品 3 968 幅，经过由京港澳专家评委组成的评审委员会严格的初评和复评，评选出 358 幅参展作品，其中 127 幅作品分别获得少年组、儿童组特、一、二、三等奖项，包括北京作品 84 幅，香港作品 20 幅，澳门作品 23 幅。8 月 19 日起，入围作品在位于北京的中国儿童中心进行展览，为期 3 天。颁奖仪式于 8 月 19 日在北京、香港、澳门同步举行。在获得特、一、二、三等奖项的作品中，港澳少年儿童获奖率为 33.85%[①]。

4.1.1 投票结果决定是否获胜

很明显，这些获奖作品是通过评委会的投票结果而确定的。

在统计学中，投票被视为一种收集和汇总数据的方法，用于了解人们的观点、意见或选择，或者用于确定群体或样本中的偏好或意见。在投票过程中，每个参与者会选择他们认为最好或最合适的选项，并通过表决、选票或其他方式来表示他们的选择。然后，这些选项的数据会被计算和统计，得到每个选项的得票数，以确定得票最多的选项，即获胜选项。

投票这种方法可以应用于各种领域，包括市场调研、学生选举等。在市场调研中，投票被用于收集消费者意见和偏好、购买行为和态度等，投票结果可以帮助企业制定营销策略、产品定位和改进，以满足消费者的需求。在学生选举中，学生们可以通过投票选举学生会主席、班级代表或其他学生领导职位。投票结果反映了学生们对候选人的认可和支持程度，决定了学生领导团队的组成。

无论是市场调研还是学生选举，投票作为一种量化和集体决策的方法，为决策者提供了重要的信息和参考。它通过收集众多个体的意见和选择，提供了一种客观和公正的方式来确定群体的偏好和决策结果。

---

① 首届京港澳少年儿童绘画大赛颁奖仪式在京举行 [EB/OL]. 中国新闻网. [2022-08-19]. https://baijiahao.baidu.com/s?id=1741588390399846898&wfr=spider&for=pc.

这种通过投票来收集和汇总数据的方法，实际上用到了众数的统计方法。

众数是指在数据集中出现次数最多的值。每个值可以被视为一个选项，每当这个值出现一次就可以被视为一张选票。通过对数据集中每个值的出现次数进行计数，就可以找到最终出现次数最多的值，从而确定得票数最多的值，即众数。这类似于投票中得票数最多的选项被视为获胜选项。

4.1.2 喜欢猫咪的人多还是喜欢狗狗的人多

投票是以数字的形式进行计数，对个是数字形式的值是否也可以用众数呢？

阳光小学三年级一班的大部分学生都喜欢小动物。班主任老师想要确定学生们最喜欢的动物是什么，于是进行了一项调查，请每个学生写下自己最喜欢的动物，并将数据汇总。

以下是学生们写下的动物数据：

猫、狗、狗、鸟、猫、猫、兔子、狗、猫、狗

猫、狗、狗、猫、仓鼠、猫、鸟、猫、狗、狗

猫、狗、猫、狗、狗、鸟、猫、猫、兔子、狗

猫、鸟、猫、猫、兔子、狗、狗、狗、猫、狗

老师准备计算众数以确定学生们最喜欢的动物。他仔细观察数据，并注意到猫和狗是出现次数最多的动物。最终得到猫出现 16 次，狗出现 16 次，鸟出现 4 次，兔子出现 3 次，仓鼠出现 1 次。

因此，老师得出结论："学生们最喜欢的动物是猫或者狗，因为它们都出现了最多次！"

阳光小学三年级一班的学生们最喜欢的动物是猫或者狗。

由此可见，众数的值可以不是数字，而可以是某个类别，也就是描述性的定性数据。请注意，众数并不一定是唯一的，可能会有出现次数相同的多个值，这些值则都是众数。众数的值可能不是唯一值。

4.2 新冠病毒的潜伏期究竟是 14 天还是 24 天

新冠病毒的流行曾经给全人类带来了莫大的恐慌和灾难。

新冠病毒的潜伏期是指从感染病毒到出现症状的时间间隔。了解新冠病毒的潜伏期对控制疫情的传播和采取适当的防护措施非常重要。根据国家卫健委制定并发布的《新型冠状病毒感染的肺炎防控方案（第二版）》，新冠病毒的潜伏期通常在 2～14 天之间[1]，大多数人的潜伏期约为 5～6 天。这一范围是基于全球范围内的研究和临床观察所得出的结论。

在防治疫情的过程中，我们需要运用更多统计学的概念来帮助各方面理性地对待各种随机现象，避免过度恐慌，从而作出正确的判断和决策。

2020 年 2 月，钟南山团队在网站上发布了一篇论文，题目为《2019 年中国新型冠状病毒感染的临床特征》（Clinical characteristics of 2019 novel coronavirus infection in China）[2]，披露了针对 1 099 例新冠病毒感染者的回顾性研究成果。这篇论文对后续的疫情防治工作提供了重要的决策支持。

但是，这篇论文的结论之一是新型冠状病毒的潜伏期中位数是 3 天，最短为 0 天，最长可达 24 天[3]。但其中提到的潜伏期最长可达 24 天的结论当时却引起一部分人的恐慌，因为这个结论与当时潜伏期最长为 14 天的主流说法不一致。人们纷纷猜测是不是病毒已经变异得更加可怕了，当时各地执行的 14 天隔离期是否需要延长到 24 天？

要更好地理解这些结论的意义，就需要用到统计学的知识了。

---

[1] 新型肺炎潜伏期最长约 14 天. 人民网. [2020-01-24]. http://health.people.com.cn/n1/2020/0124/c14739-31561895.html.
[2] Guan, W. J., Ni, Z. Y., et al. Clinical characteristics of 2019 novel coronavirus infection in China[EB/OL]. MedRxiv. https://www.medrxiv.org/content/10.1101/2020.02.06.20020974V1.full
[3] 从 3 天到 24 天 新冠病毒潜伏期为何有长有短 [EB/OL]. 人民网. [2020-02-14]. http://health.people.com.cn/n1/2020/0214/c14739-31586472.html.

在流行病学中，疾病的潜伏期通常可以用对数正态分布来近似描述①。简单来说，这相当于假设疾病的潜伏期服从正态分布。对数正态分布通常具有右偏的形状，都存在一个长尾，如图 4-1 所示，也就是说，它的尾部向右延伸，这意味着在对数尺度上分布的大部分值都位于较小的区间内，而较大的值较为罕见。尽管长尾部分的概率很小但不是零，如果样本量足够大，长尾部分的小概率事件还是有可能发生的。

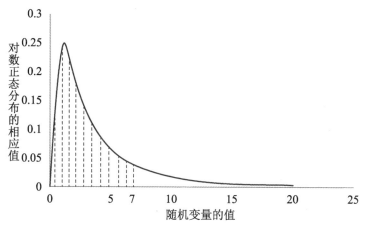

图 4-1　对数正态分布示意图（平均值为 1，标准差为 1）

从统计学的角度来讲，这个疾病的潜伏期为 24 天是可能出现的，只不过出现的概率非常低。其实还是同样的病毒，同样的潜伏期随机分布，只是在样本量增加之后，长尾的小概率事件就有可能发生。

也就是说，如果观察到的病例越少，这些病例中的最长潜伏期也越短。反之，如果观察的病例足够多，最长潜伏期就可能会达到 24 天。不过这个异常值对于制订防疫政策的参考价值很有限，因为它不具有普遍适应性。有研究人员做过测算，任意一个病例的潜伏期在 7 天以内的概率在 90% 以上，而潜伏期超过 14 天的概

---

① 战"疫"是一堂"最好的数学课"| 应用统计学：让战"疫"心中有数 [EB/OL]. [2020-03-18]. https://slx.qlu.edu.cn/2020/0318/c3945a143701/page.psp.

率为 0.838%，超过 24 天的概率为 0.062%。

所以，普通人不必为发生概率极小的事件而过度恐慌。至于消除恐慌的关键，依然是怀着科学精神从统计学的角度来寻求答案。

为什么当时的隔离期的设定不是以最长的潜伏期 24 天作为参考呢？而是参考了中位数 3 天呢？

原因在于，根据这个中位数做出相应的隔离期措施能够更加科学地反映患病人群的总体情况，可以最大限度地降低病毒传播的发生。如果采用中位数即 3 天的隔离期，可以降低 50% 以上的病毒传播概率；实施 7 天隔离，可以降低 90% 以上的病毒传播概率；实施 14 天的隔离，可以达到降低 99.2% 以上的传播概率。效果很明显，能够降低 90% 以上的病毒传播就已经基本符合防控的预期设想了。

实际上，这也是中位数这个统计指标的实际用途。一组数据描绘刻画了一个客观事实或现象，用来代表这组数据中间水平的一个较准确且简单的指标就是中位数。它可以反映出这组数据中一半数据值的特征。中位数通常会提供相对更加符合和尊重原来样本数据的集中趋势情况。

4.2.1 什么是中位数

中位数是一组有序数据中位于中间位置的数值，它可以将数据集合划分为相等的上下两部分。具体计算而言，如果数据集中的数据个数是奇数，那么中位数就是排在中间的那个数值；如果数据集中的数据个数是偶数，那么中位数就是排在中间两个数值的平均值。

假设有一组学生参加数学竞赛，他们的数学成绩得分分别为 90、80、70、60、50、40、30、20。为了得到中位数，我们首先将数据按从小到大的顺序排列，排序后的数据为 20、30、40、50、60、70、80、90。然后，我们发现这组数据共有 8 个数值，个数是偶数，因此中位数为中间两个数值的平均数。中间的两个数值分别是 50 和 60，它们的平均数为（50+60）÷ 2 = 55。所以，在这组学生数学竞赛成绩得分的数据中，中位数为 55。

4.2.2 如何使用中位数

中位数适用于有序数据集，可以提供对一组数据分布的更全面的描述。它可以帮助人们理解数据集的中间位置以及离散程度。中位数这个指标还有一个特点：它对于数据集中的极端值或离群值不敏感，计算时并不受异常极端值的影响，因为它的计算对象主要是每个数据的位次。

除了连续型的有序数据，对于有明确顺序或等级顺序的分类数据也可以计算得出中位数，根据集中数据的个数确定中位数的位置，但在解读和应用中需要慎重考虑，确保中位数的使用是合理和有意义的。

需要注意的是，即使有顺序的分类变量可以计算出中位数，但中位数的解释可能并不直观或有实际意义，因为数值与实际的差异和间隔之间可能不存在一个明确的关系。

4.3 为什么拖后腿的总是我

每年5月份左右，国家统计局都会发布上一年度的城镇就业人员平均工资数据。从这些数据中，我们可以得知当年居民的经济收入状况。例如，2013至2022近十年我国居民的平均工资年收入情况如图4-2所示。

每当这一年度平均工资的数据公布之后，几乎都会引起公众的广泛关注和议论，而且经常会引来一片哀叹声。不少人纷纷吐槽"平均工资比感觉中的高""我的工资这么低""我的工资被平均增长了""我又拖了全国人民工资的后腿"等。

仅仅从图4-2中的近十年统计数据看，不管人们在过去几年里升职加薪了几次，跳槽了几次，失业或被裁员了几次，平均工资确确实实是每年都在增长的。既然社会平均工资这么高，而且每年都在增长，为什么还有那么多人感觉自己的工资低得在"拖后腿"呢？这样的哀叹有道理吗？

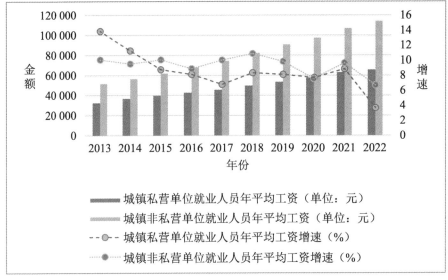

数据来源：国家统计局

图 4-2 近十年中国城镇就业人员年平均工资趋势

我们不要急着盲从，也不要急着下结论，先来看一看这个平均工资数据是怎么统计计算出来的。

根据国家统计局的定义，平均工资是指在报告期内单位发放工资的人均水平。它的计算公式是用报告期内的工资总额除以人数。其中，工资总额是一家单位在报告年度内直接支付给本单位人员的劳动报酬总额，包括计时工资、计件工资、奖金、津贴和补贴、加班加点工资、特殊情况下支付的工资。

4.3.1 你的工资被入统了吗

很多人看到社会平均工资就急急忙忙地与自己的工资水平进行对比。对比之后，有的人发现自己的工资水平低于国家统计局公布的社会平均工资，而且还差了一大截。有的人却发现自己身边许多人的工资比国家统计局公布的社会平均工资高出不少。于是人们纷纷质疑这个平均工资数值的准确性。

如何看待国家统计局公布的这个平均工资呢？首先要清楚了解统计平均工资

时所用的样本究竟包含哪些人。前文提到的那些工资特别高或特别低于平均水平的人，他们的工资压根就不属于被统计的范围，这也是很多人一看到平均数所常犯的一个误区。

随着近几年互联网的快速发展，一些人通过拍摄短视频发表并传播各种信息，再通过直播带货，取得了不菲的个人收入。

根据广州市公布的部分网络主播 2023 年度净收入排行榜显示，年净收入超过 5 亿的网络主播有 5 位，年净收入超过 1 亿的网络主播有 19 位。网络主播疯狂小杨哥以 32.123 亿元年度净收入位居榜首。辛巴、李佳琦的年度净收入分别以 30.553 亿元、22.725 亿元位列第二、三名。东方甄选的董宇辉、陈翔六点半的净收入均在 5 亿元以上，位列第四、五名。此外，天元邓刚、三只羊的七老板、陈三废姐弟，以及旭旭宝宝、烈儿宝贝、papi 酱、芜湖大司马等也均年度净收入过亿元。

请注意，他们的收入是扣除成本后归属个人的收入，其中包括税款。这些网络主播的收入是很多打工人几辈子也赚不到的。

这些网络主播的收入被计入国家统计局公布的社会平均工资的统计范围了吗？

又比如有一位送外卖的老王，退休后本想好好享受生活，可他的儿子被查出患有尿毒症，于是老王不得不加入送外卖的大军来筹备医药费。上月老王共完成 1 896 单外卖订单，扣掉商家和平台的分成，他每单拿到的提成为 5 元，再扣除几单差评和超时的 650 元，应发工资金额是 9 435 元，按照适用税率 20%，扣税后实际工资所得为 7 925.4 元。这样算下来，他一年的收入约为 95 104.8 元。这位外卖老王的工资计入国家统计局公布的社会平均工资的统计范围了吗？

在回答这些问题之前，让我们先看看国家统计局的统计口径。从国家统计局的统计范围看，社会平均工资一般分为城镇非私营单位社会平均工资和城镇私营单位社会平均工资两大类。城镇非私营单位主要指的是国有单位、集体单位、股份、外商投资等一系列规模大、较规范的单位，这样的单位一般工资水平相对较高，福利待遇较好。至于城镇私营单位，一般规模小，盈利水平较低。

从平均工资统计的数据来源看，平均工资统计的数据来源于全部一套表法人单位和抽中的非一套表法人单位。从调查方法看，采用的是国家统计局制定的《企业一套表统计调查制度》和《劳动工资统计调查制度》，一套表联网直报单位岗位工资统计采用全面调查的方法。

国家统计局在有关的统计数据中明确表示过，工资统计主要统计法人单位从业人员及工资总额年报，而个体就业人员、自由职业者和灵活就业人员等非单位就业人员不在工资统计范围内。这些人员工资收入无论高、低，都没有进入统计范围，部分原因在于这样的数据毕竟很难统计，而且也难以保障其真实性。

比如说前面所说的外卖老王的工资收入，由于属于个体就业人员，实际上既不属于城镇非私营单位就业职工的平均工资统计范围，也不属于城镇私营单位就业职工的平均工资统计范围。网络主播李佳琦净收入归入了其背后的美 One 公司，也没有进入城镇非私营单位或私营单位就业人员的统计范围。

4.3.2 使用了什么样的工资统计口径

如果我们确实属于平均工资统计范围内的就业人员，就再看一下具体工资项目明细的统计情况。很多人是把拿到手的工资与相应的平均工资来比较的。这么一比，当然也低了不少。这是很多人常犯的另一个误区：平均工资指的不是到手的工资，而是应发工资。

实际上，国家统计局统计的工资总额口径主要包括计时工资、计件工资、奖金、津贴补贴、加班加点工资、特殊情况下支付的工资六大部分。各项工资加起来之后是应发工资，属于税前工资。实际上，工资统计单位支出的所有劳动报酬包括税前年收入的各种奖金、加班费待遇，也包括社保公积金个人负担部分、个人应缴纳的个人所得税等。

把这些全部都统计起来的话，平均工资统计的明细项目就很清楚了，它不是指很多人实际拿到手的工资。例如，某职工的每月工资是三四千元，算上年终奖，算上扣掉的社保公积金，实际上他的月均工资也能超过 5 000 元，一年算下来，收入能达到 6 万元左右。

4.3.3 谁说平均工资是大多数人的工资

即便综合前面所说的各种因素，实际上还是有大多数人的工资水平达不到平均工资。

很多人以为，平均工资既然是所有人工资的总数除以人数的数值，那么这个数值就应该可以反映大多数人的工资水平。其实，这是完全错误的，这只是某些个人主观上的一个错觉。尤其是当网络上常常有特别多的 20 多岁的年轻人就已经年收入超百万的种种报道，让很多人感觉遍地都是有钱人，遍地都是月收入过万的人，所以，一旦自己达不到这个平均数，他们就会觉得自己不如大多数人，自己拖了大家的后腿，有的人甚至产生失落感。

平均工资的确是所有人的工资数据之和再除以数据的个数而得出来的一个平均值。它反映的仅仅是城镇单位人员的工资数据平均值而已，并不能真实反映这些就业人员工资数据的整体分布规律，更不能反映大部分人的工资数据水平。这就意味着平均工资不一定能代表大多数人的工资水平。

所以，绝对不是大部分人的工资数据水平一定处在平均数值附近。如果想要代表大多数人工资水平的统计数据，需要使用另外一个统计指标——众数。使用众数统计出来的工资数值实际上是用所有人的工资数据集总体中出现次数最多的那个工资数据值或频率最大的那个工资数值来表示的。这一数值才能够反映出所统计人员群体中的大多数人的工资水平情况。

4.3.4 谁拉高了普通人的平均工资

确确实实，很多人的工资水平是被"平均"拉高了。那么，这是怎么回事呢？

张东阳今年从一所 211 大学博士毕业，专业是当前大火的人工智能。听说人工智能专业毕业生平均薪资达 30 万，张东阳于是对今年能找到好工作充满了信心，并向很多大企业投了简历。

最终张东阳拿到了 2 个 Offer，一家是人工智能初创公司，薪资只有 8 000 元；另一家是人工智能上市公司，薪资有 17 000 元。张东阳心中盘算着，这 2 个工作职位的薪资都离 30 万年薪差距太远。于是他向其中一家公司的 HR 说出了自己的困惑，提出希望公司能给到市场上平均 30 万的工资。

这家公司的 HR 是这样向张东阳解释的，年薪 30 万代表的只是人工智能专业毕业生的平均工资。具体到每个毕业生的工资，会根据开发人员所在地区的不同、所掌握的专业技能不同、开发使用的语言（Python、Java、JavaScript、C、PHP、SQL）等不同，实际上会有很大的差异。

随后，HR 还给张东阳讲了华为天才少年的例子。

华为天才少年计划是由任正非在 2019 年 6 月份提出面向全球招募天才少年的计划。该计划最引人注目的地方在于其高额的薪酬。"天才少年"的薪酬按年度工资制度发放，分为三档：最高档为 182 万～201 万元，第二档为 140.5 万～156.5 万元，第三档为 89.6 万～100.8 万元。

自 2019 年至今，华为"天才少年"计划中有 5 人拿到了最高一档的年薪 201 万元，分别是：钟钊（本科毕业于华中科技大学软件工程专业，博士毕业于中国科学院大学模式识别与智能系统，2019 年入选）、秦通（本科毕业于浙江大学控制科学与工程专业，博士毕业于香港科技大学机器人方向）、左鹏飞（本科和博士毕业于华中科技大学计算机专业，2019 年入选）、张霁（博士毕业于华中科技大学计算机专业，2020 年入选）、廖明辉（博士毕业于华中科技大学电信学院，2021 年入选）。

这些天才少年在华为入职后多数从事的是人工智能和算法相关的工作。

刚毕业的大学生起薪只有几千元或者小一万元的工资，算下来一年也就十多万。这些天才少年一年的 200 多万元薪资，哪个毕业生听了不羡慕呢？即便是在职场上混迹十多年的普通打工人，一辈子也都赚不来这么多的工资啊。

根据中国薪酬网发布的《2024 年全国地区报告》[①]，2023 届 211 院校博士毕

---

① 2024 年毕业生薪酬揭晓！学历和专业哪个才是决定性因素？京考一点通，2024 年 9 月 4 日。

业生平均月收入起薪点为 14 398 元，这样算下来，平均年薪为 172 776 元。

显然，普通毕业生与天才少年的年薪相距甚远。不过普通毕业生和天才毕业生的平均工资却可能达到 30 万甚至更高。千真万确，这些天才少年的工资抬高了应届毕业生的平均工资水平。

看到这里，我们不难发现，平均数有个缺点，对异常值不敏感，更不能体现出数据分布状态，所以用平均工资衡量人均收入存在很大局限。

工资"被平均提高"的主要原因是由于我们每个人的工资的下限是各地的最低工资水平，但是却没有上限工资。用所有人工资的总数除以人数而得到的平均工资数值显然会受到个别的异常高或异常低工资数值的影响，远离多数人的工资水平。就像一个年薪百万的高级管理人员，能够把 10 个拿最低工资的职工的工资平均过万。尽管这样的有钱人拥有着超过平均工资十几倍或上百倍的收入，不过他们毕竟是少数，和 95% 以上的普通打工人没有关系。

4.3.5 求职时别被平均薪酬忽悠了

还要注意一点，千万不要被人用平均工资误导。

比如说，一家初创的微型公司只有 4 个人，分别是老板、前台人员、会计员和人事专员。老板的每月收入为 8 万元，前台人员的月收入为 3 000 元，会计员的月收入为 5 000 元，人事专员的月收入为 5 000 元。如果要算全体员工的平均收入，那这家公司人员的平均收入是（80 000+3 000+5 000+5 000）÷4=23 250，每人每月的收入将近 2 万元。

我们从统计学的知识简单分辨一下，这个月入 2 万的平均数据能真实反映这家公司的薪酬状况吗？能给求职者提供有价值的数据参考吗？

没错，平均工资被老板一个人的工资给拉高了。如果要说这家公司里大多数人的工资水平，应是每月 5 000 元，因为老板的工资影响不了多数人的薪资水平。单单就一个公司来看，平均工资数和多数员工的工资水平这两者之间的差距很大。对求职者真正有参考价值的是众数月入 5 000 元，而不是平均工资 2 万元。如果这家公司在新人的招聘广告中宣称自己的公司月平均薪酬高达 2 万，那么它绝对是在忽悠不明真相的求职者。

由此可见，众数工资的数值不会受到总体中极端值的影响，也就是说，无论一个公司老板的工资多么高，哪怕有几百万，都不会影响整个公司职工的工资水平。可是，平均工资却会受到总体中极端值的影响。往往少部分数据甚至个别数据会导致平均数的大幅增加或减少，主要原因就是，在统计学里，真正表示大多数情况的不是平均数，而是众数。

现实中，我们分析一个地区的经济发展情况主要考虑经济总量和整个社会的人均收入情况，对总体经济提高情况下的个体差异注意不够，因此，如果一个地区的人均收入在增加，而失业者却众多，说明这个地方的社会经济发展是不协调的。

我们在进行平均数统计时，首先要看数据的分布形态是怎么样的。如果这是个正态分布的数据库，采用算术平均数自然是合理的；如果数据呈现出偏峰分布，这时候采用算术平均数就可能存在欺骗性了。任何一个中国人，即使他是穷光蛋，只要他与上文提到的年收入超过 32 亿元的疯狂小杨哥一起计算平均年收入值，都将是亿万富翁！

4.3.6 再看到平均数先要扪心三问

曾经有个数学家调侃一位统计学家道："你把左手放到一锅 100℃的开水中，右手放到一锅 0℃的冰水里，一定没什么事吧！因为它们平均不过 50℃而已！"

平均数的确容易掩盖差距。

既然在现实生活中我们已经感受了这两者的巨大差距，那么今后要对平均工资的说法小心了。

有些招聘网站每年会公布国内各大城市的平均工资。我们在对这些平均工资相关数据进行解读时，首先要看数据的来源，看看这些招聘网站在收集数据时选择的是哪个档位工资的人进行的访问。其次，要看被访问的人是否真的如实填报自己的收入情况。如果数据发布方进行的是有差别的抽样调查，那么它的数据结果肯定没有参考价值。因为很显然，这些网站发布方在试图操控数据进而误导读者，无论是操纵抽样还是操纵统计数据都是野蛮粗暴且不道德的。

即便是国家统计局公布的数据，我们也要仔细认真解读。

确确实实我们不能简单地把我们的工资收入与国家公布的平均工资相比。每一位从业人员的工资收入水平，不但与其所在的地区、所处的企业性质、所从事的行业、所处的职业岗位等多种因素密切相关，还要考虑到基本工资、绩效工资、工资性津贴补贴、所得税上缴等方面，然后综合加以比较。

尤其需要注意，当工资数据分布非常不均衡的时候，用平均工资描述每个人经济状况就不合适了，比如国务院原总理李克强曾说，我们人均年可支配收入是3万元人民币，但是有6亿中低收入及以下人群的平均月收入不过1 000元。

平均数是统计学中最常用的统计量，用于表示一组统计对象的一般水平。虽然平均数的计算简单、易于理解，计算时用到了所有数据的特征，在日常生活中也经常使用，但是在理解和运用平均数时应全方位把握。平均数仅能反映数据的平均值，不能反映数据的分布规律。对于一组数据的了解，只看平均数是远远不够的，只有进一步了解数据的分布规律，才能更加直观准确地认识数据的全貌。

可见，平均数看似简单，其实不然，从对统计平均数的概念、计算方法的理解到正确使用都要持科学的态度。更重要的是，当听到一个平均收入的数字时，应当先问问这样的几个问题：原始值是整体数据还是样本？样本包含哪些人，数据量有多少？数据间差距大不大？数据分布有没有什么规律？数据背后有没有特殊情景有可能会扭曲事实？

4.4　平均年增长率怎么计算更合适

每逢过年时，洋洋都会收到妈妈给的压岁钱。每年收到压岁钱的具体数量不确定，有的时候是几百元，有的时候是上千元。每次收到压岁钱时，妈妈都会让洋洋把这些钱存到银行里，作为以后的教育基金。这样的话，还能享受到一些存款利息。如今洋洋12岁了，想知道过去5年自己压岁钱的平均年增长率是多少。

于是，洋洋将自己近5年压岁钱的数目列了出来，如表4-1所示。

表4-1 洋洋压岁钱的数目

年份	2019	2020	2021	2022	2023
金额（元）	1200	1250	1500	1600	1800
增加额（元）	-	50	250	100	200
增长率（%）	-	4.2%	20.0%	6.7%	12.5%

如果洋洋把自己每年的压岁钱的金额相加，然后除以5，就可以得到自己每年压岁钱的平均数量，也就是，(1 200 + 1 250 + 1 500 + 1 600 + 1 800) ÷ 5 = 1 470 元。

可以看到，洋洋的压岁钱每年都在增加，那么平均每年增加多少呢？

如果把这些增加额相加起来，就会得到 50 + 250 + 100 + 200 = 600，除以5就得到120，也就是平均每年增加120元。

可是，在计算平均增长率时却遇到了麻烦。原因在于，不仅每年的增长率不同，而且每个月的增长基数都是不同的。

这些关于比率的数据怎么进行平均呢？

实际上，这种计算比率数据的情形在人们的日常生活中并不少见，尤其在金融、经济等领域，经常需要计算平均增长率。当人们想计算某个时期内的平均增长率或平均比率时，算术平均数就不再适合用了，取而代之的是几何平均数，因为几何平均数可以更好地反映出相对变化。

算术平均数是用一组数据集中的所有数值之和除以数值的数量，几何平均数则是一组数据集中的所有数值的乘积，然后求这个乘积的 n 次方根，其中 n 是这些数值的数量。

洋洋如果想知道自己平均每年压岁钱的数量，可以使用算术平均数，把自己各年收到的压岁钱金额相加，然后除以年数5，就可以得到 1 470 元。洋洋如果想知道自己平均每年压岁钱的增长率，他需要把每年收到压岁钱的增长率相乘，也就是 4.2% × 20.0% × 6.7% ×12.5%，然后开四次方根，得到 9.1%。这才是洋洋压岁钱的平均年增长率。

4.4.1　更符合实际的均值计算方法

几何平均数是一种处理具有非线性关系的数据或计算平均增长率的常用方法，主要解决对比率、指数等进行平均计算发展速度的问题。

它用于分析具有比率或者相对变化关系的数据的平均值，特别是当总水平或总成果等于所有阶段或所有环节成果的连乘积时，求各阶段或各环节的一般水平，这时我们使用几何平均数更为合适，可以得到更准确的结果，而不是使用算术平均数。或者，有些数据之间可能存在非线性关系，例如复利计算、人口增长率等。在这些情况下，使用几何平均数也可以更准确地反映数据的实际情况。

同时，几何平均数提供了一种评估一组数据的集中趋势的参考方法，它可以帮助我们更好地理解一组数据的整体趋势，而不受极端值的大幅影响。

假设我们投资某科技股票，在过去的三年里，我们的年收益率分别是 5%、8% 和 10%，那么可以使用几何平均数来计算年平均增长率，得到的年平均收益率约为 7%，比较符合实际情况。假如第三年由于出现科技泡沫等特殊情况，收益率极高，达到了 15%，使用几何平均数来计算 5%、8% 和 15% 的年平均增长率，得到了 8.4%。发现了吗？这个年平均增长率没有因为出现极高值而大幅度增加，也没有偏离实际情况。

4.4.2　买基金，看清收益率

补充提醒一下，在购买金融产品时，务必要小心谨慎。

去年年底，我买了某基金公司的一款投顾服务产品。购买前，我仔细查阅了该产品的历史收益率情况，发现它的年化收益率达 12%，于是买了 1 万元。没想到，一年后到期的收益额仅有 47 元，我的收益率仅为 0.47%。这个收益率结果与基金公司宣传的收益率相差很大。

我去咨询了一位熟悉基金投资的朋友，才知道我在购买基金时被卖家宣传的投资回报率所忽悠，也知道了基金公司宣传的年化收益率是怎么计算出来的。原来，该指标计算的主观随意性太强，他们给出的是持续收益回报率，损失的部分是不被计算在内的，怪不得有那么高的收益率，这很容易迷惑像我这样的购买人群。

此外，衡量一个投资项目的收益时，还要考虑投入了多少本金，也就是要计算出总收益率之后再作对比。比如，我们投入了100万赚了50万，那么我们的总收益率是50%；而如果我们投入了5万赚了10万，那么我们的总收益率是200%。很显然，第二个投资虽然赚的少，但收益率却相当高。从收益率的角度来看这个问题，更能比较科学地衡量投资的实际效率。

4.5 想要的究竟是稳定还是刺激

4.5.1 如何才能找个更准点到达的公交车

知道了一组数据的平均值，还需要了解组内各个数据与平均值的大小差距，也就是围绕均值的波动情况或分散程度，才能更全面地了解这组数据的特征，知道它是波动小的"稳定"数据，还是波动大的"刺激"数据。

不知你是否有过下文这样的公交车乘坐体验。

上周末，我与朋友约定一起度过愉快的午后。我们在北京海淀剧院看了一场电影之后，肚子很饿，准备去吃饭。我们都比较喜欢吃粤菜，于是决定去清华东门外的一家粤菜馆。

我们查看路线，发现公交车355路正合适，下一辆3分钟内到站，只要乘坐5站就能到达餐馆门口，而且步行总共不到200m，总用时只要35分钟。同时，466路也是这个路线，也合适，只不过下一辆车要10分钟才到站，而且步行要多一些，大约1 000m。

我们在公交车站等车,等了很久,才等到355路车到站,但后面跟着466路车。后来,我们乘坐了先进站的355路车,等我们到达餐馆时,差不多已是一个小时之后了!害得我们饿着肚子等了这么久,早知道就不乘坐355路公交车了。

公交车能否准时到站是很多乘客非常关心的。大城市交通拥挤,公交车晚点比较常见。我们怎么选择一个相对准时且靠谱的公交线路呢?

我们可以收集公交车到站时刻的10次数据,进行比较之后,再回答这个问题。

根据各自的公交车运行时刻表,公交车355路的到达时刻是在准点附近的等概率迟到3分钟和提前3分钟。公交车466路的到达时刻是在准点附近的等概率迟到10分钟和提前10分钟。这时,如果只看两路公交车到达车站时刻的平均值,可以说它们都是按照时刻表准点运行的公交车,都没有迟到,它们之间是没什么优劣好坏的。

那么作为乘客,只看公交车的到达时刻"平均值",能决定乘坐哪个线路吗?

回答当然是"不"。

即使明白公交车355路和公交车466路从平均到达时间上来说都是根据时刻表运行的,但这只是平均意义上的准时,实际上它们的到站时间多少会有变动,不通过计算是不能决定该乘哪路车的。

这种公交车355路的"3分钟"不靠谱和公交车466路的"10分钟"不靠谱,可以被看作表示公交车时间的变动、到达时刻的不平稳和分散情况的统计量。这样我们就能够实际体会到,在决定是否乘坐公交车时,比起平均值来更重要的是了解这种表示分散情况的统计量。

公交车355路的正点到达时间为下午2时30分,这路车10天内的实际到达时刻数据(虚构)分别为:2时32分,2时27分,2时29分,2时34分,2时33分,2时33分,2时34分,2时27分,2时29分,2时32分。我们求这10个到达数据的平均值,得到2时31分,所以可以判断这路公交车平均是2时31分进站。

能够看出,实际的公交车到达时刻是在平均值2时31分的周边不均匀分布的。那么这些到达时刻到底"不均匀"到什么程度呢?如何才能测定呢?

首先，有效的做法是用 10 个到站数字分别减去平均值，得到：晚 1 分，早 4 分，早 2 分，晚 3 分，晚 2 分，晚 2 分，晚 3 分，早 4 分，早 2 分，晚 1 分。

这能表示出各数据比平均值大多少或小多少。如果把晚点当作正数，正数是大；把提早到达当作负数处理，负数是小。这个数值在统计学中称为"偏差"（deviation）。根据这个偏差，我们可以明白一辆公交车到达时刻的分散情况是与平均值相比最多晚点迟到 3 分钟或者提前 4 分钟。

这个方法虽然表示得清楚，但是由于有早有晚的，将正数、负数进行平均计算时，正数数值和负数数值会相互抵消，这样相互抵消后就变得无意义了，得出的算术平均数明显会变小。况且，无论推迟 3 分钟还是提前 3 分钟，其表示的结果都是公交车到站时刻的波动，都是指不准时，也都不利于乘客将其作为乘车时的参考。这不是我们想要的统计量。

在统计学上，有一种令人满意的求平均值的方法，能够解决这种正负数抵消的困境。那就是通过把这些差值进行平方，就可以消除负号，就不会发生相互抵消的情况了。这样所得出的统计量被称为"方差"（variance），是可以评价数据波动情况的量，具有非常优秀的数学性质。

但是，方差毕竟是把数值进行平方之后的结果，这样的结果作为表示波动情况的数值实在是太大了。于是，人们把这个平方和进行开方处理而取方差的根，再除以数据个数，目的是把数量级别降下来。这样得到的统计量叫作"标准差"（standard deviation），它常被简称为"S.D."。

通过以上计算，我们可以得到公交车 355 路的标准差是 3 分钟，466 路车的标准差是 10 分钟。也就是说，公交车 355 路平均到站时间是 2 时 31 分，实际到达时间的可能范围是 2 时 28 分～2 时 34 分；公交车 466 路平均到站时间也是 2 时 31 分，不过实际到达时间的可能范围是 2 时 21 分～2 点 41 分，时间跨度更大。

显然，如图 4-3 所示，公交车 355 路由于"不靠谱"的跨度较小，相比 466 路更容易让乘客接受，让乘客更"安心"一点。

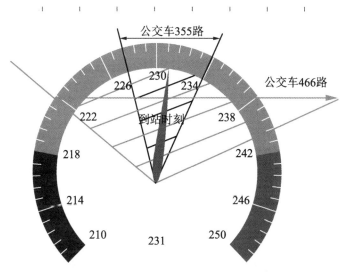

图 4-3　公交车不同线路的到达时刻分散范围

4.5.2　哪位同学更可能逆袭考上重点高校

为了备战高考，全国各地的学子们学习动力满满，身怀锦囊妙计，经历了大大小小的考试训练。尤其是临近高考的几次模拟考试，被视为最终高考成绩的晴雨表。

不知道你有没有发现这样一种现象：在模拟考试中，平均分数相距不大的两位学生最终的高考分数会有很大差异。

让我们从统计学角度来寻找答案。

比如，同在阳光高中高三年级的徐杰和张艳两位同学，他们在最近五次高考模考中的平均分数差不多，只不过徐杰在几次模考中成绩比较稳定，张艳的成绩则波动较大。那么，这两位同学谁最有可能逆袭，超常发挥，考出令人惊讶的能进入 985 高校的成绩呢？

徐杰 5 次模拟考试的平均分是 600，每次成绩波动在 50 分以内，而在同样的 5 次考试中，张艳的平均分是 580，每次成绩波动在 80 分左右。我们从这个分数中可以看出什么呢？

只从平均分看，徐杰是比张艳优秀的学生，但仅凭这个并不能判断两人的高考结果。为了看清每位同学的成绩波动差异，我们把每位同学的各次模考成绩减去他的平均分，发现这个差值有正有负，也就是有时考试成绩比平均分高，有时比平均分低。为了消除高低分值的影响，我们把这个差值进行平方求和，然后再开方。这样，就可以衡量波动大小了。

实际上，徐杰的平均分是 600，标准差是 40 分，所以可以推测徐杰是成绩在 1 个标准差幅度内得分大约为 560～640 范围内的学生。与此相对，张艳的平均分是 590，标准差是 80 分，可以推测他是成绩大致在 510～670 分范围内的学生。

也就是说，徐杰是成绩"稳定"的人，张艳是成绩"波动"的人。

从这里我们可以看出，仅用"优秀程度"来评价两位同学是不够的。徐杰想进入 550 分就能进入的学校未必一定不合格，但想进入 650 分以上的重点高校会很困难。与此相对，张艳想进入 550 分就能进入的学校也有不合格的可能，而想进入需要 650 分才能进入的重点大学也有合格的机会。

所以，仅从统计学来说，张艳同学更有可能逆袭考入录取线在 650 分以上的 985 高校。

4.6　哪位学生候选人的支持率更高

统计学中存在一个非常奇怪的现象，也特别容易误导人。

阳光中学正在进行新一轮的学生会主席选举。当前有两位候选中学生，分别是 Alice 和 Bob。这两位同学的各方面表现都很突出，难分胜负。本次选举投票分为两个年级：九年级和十年级。学校决定从这两个年级的全体同学中任选 100 名对二人进行公开投票，然后通过比较 Alice 和 Bob 的得票比例以确定最终的胜利者，谁在整体上支持率更高谁就当选本届学生会主席。

Alice 和 Bob 两人积极地通过竞选活动来争取同学们的支持和选票。Bob 组织了一场集会，向同学们介绍自己的愿景和承诺，强调他在学校的经验和领导能力，以及他计划改善学生生活的具体措施。Alice 采取了不同的策略,她利用自己的沟通技巧和人际关系,与同学们一对一地交流,并了解他们的需求和关切点,然后她提出了一些建议和解决方案,以改善学生的福利和学习环境。

在竞选过程中,Alice 和 Bob 还进行了一场公开辩论,回答同学们现场的提问,并展示他们的能力和承诺。最后,同学们将手中的选票投给了他们认为最适合担任学生会主席的候选人。

经过票数统计的最终结果显示,从各自任选的 100 位同学的投票中,Alice 获得了总体的 90% 的选票,Bob 只获得了总体的 80% 的选票。很明显,整体上 Alice 获得了更多的选票,即将当选学生会主席。

看到这个结果,Bob 很不服气,因为他在前期的竞选活动中明明感受到自己在同学中很受欢迎,在竞选活动中得到的反响也很不错。于是他要求学校重新核对计票结果。

学校公布了 Alice 和 Bob 各自获得选票的详细统计数据,原来它们是如下这样的:

在九年级,Bob 获得了 52.5% 的选票,Alice 获得了 30% 的选票。在十年级,Bob 获得了 98.3% 的选票,Alice 获得了 96.7% 的选票。他们的得票支持率情况如图 4-4 所示。

九年级	支持率 52.5%	支持率 30%	
十年级	支持率 98.3%	支持率 96.7%	
全校	支持率 80%	支持率 90%	

图 4-4 两位候选人的支持率分布情况

从这个结果来看，同学们可能会得出结论说 Bob 在每个年级都获得了更多的选票，因此他是最终的胜出者。Bob 也更加坚信自己才是获胜者。

这个结果很矛盾！

我们再仔细看一下数据。Alice 接收的 100 票是由来自九年级的 10 票与来自十年级的 90 票组成的。其中共有 10 个反对票，90 个支持票。Alice 在九年级的 10 个选票中，获得了 3 票支持，7 票反对，支持率是 30%；在十年级的 90 票中，获得了 87 票支持，3 票反对，支持率是 87÷90 = 96.7%。

在 Bob 同学所接收到的 100 个选票里，有 40 个选票来自九年级，其中有 21 位同学支持他，因此 Bob 在九年级的支持率是 21÷40 = 52.5%；另外的 60 个选票来自十年级，其中有 59 位同学支持他，所以在十年级的同学中，Bob 的支持率是 59÷60 = 98.3%。

具体来看，如图 4-5 所示。

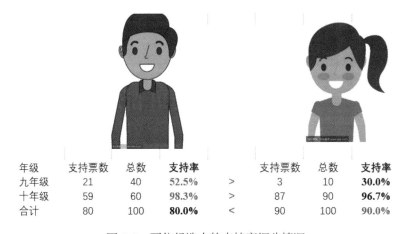

图 4-5 两位候选人的支持率细分情况

从上面的数据可以看出，如果只观察整体数据，我们可能会得出结论说 Alice 在整体上表现更好，应该当选学生会主席。但是，如果将投票数据按年级进行分组观察，我们会发现在每个年级中，不管怎么看，Bob 的得票数都比 Alice 高，最应该当选的人是 Bob。

怎么会发生这样的诡异结论呢？

实际上，这个矛盾现象的背后就是统计学里著名的理论——辛普森悖论（Simpson's Paradox）在发生作用。

从统计学家的观点来看，出现辛普森悖论的原因是因为这些数据中潜藏着一个潜在变量（lurking variable），比如在上面这个例子里，潜在变量就是 Bob 和 Alice 这两位候选人在不同年级的不同支持率占比。

辛普森悖论最初是英国数学家爱德华·H·辛普森（Edward H. Simpson）在 1951 年发现并正式阐述的。

辛普森悖论就是对于同一组数据，当你把数据拆开细看的时候，分组后的数据趋势和整体趋势完全不同。也就是说，当我们只看整体数据与只看分组数据的时候，可能会得出完全相反的不同结论。这意味着我们在分析数据时可能会得出错误的结论，因为我们没有考虑到不同分组之间的相互影响。

辛普森悖论提醒人们要谨慎地分析数据，确保结论不会被分组数据的影响而扭曲。在统计分析中，我们需要考虑到不同子组数据之间的相互关系，不能仅仅依赖于整体数据。

4.6.1 美国的学校录取新生存在性别歧视吗

最著名的辛普森悖论实例就是 1973 年加利福尼亚大学伯克利分校 Peter J. Bickel 教授关于研究生院学生录取性别歧视案的例子[1]。

加利福尼亚大学伯克利分校作为全美顶级的公立大学之一，其申请难度非常大，每个学院的录取率也有一定差别。1973 年秋季加州大学伯克利分校研究生院共收到 12 763 份有效入学申请。Bickel 教授团队曾对这些总体数据进行研究以探寻该校录取新生是否存在性别歧视问题。

研究人员统计发现，该校当年的申请人之中，男性申请人有 8 442 人，女性

---

[1] Bickel, P. J., Hammel, E., and O'Connell, J. Sex bias in graduate admissions: Data from berkeley. Science, Vol. 187 (1975), 398-404.

申请人有 4 321 名。从整体学生录取率来看，是 41%；从男女学生的录取比率看，男生的录取率是 44.3%，高于整体录取率；女生的录取率是 34.5%，不仅低于男生录取率，也低于整体学生录取率。具体录取分布情况如表 4-2 所示。

表 4-2　某大学研究生院新生录取情况与性别分布

	录取量（人）	申请总量（人）	录取率（%）
男性	3 738	8 442	44.3%
女性	1 494	4 321	34.5%
合计	5 232	12 763	41%

看到上面这个结果，一般人肯定会得出这样的结论——女生被歧视了。打算申请这所著名大学的女生如果看到这样的数据，八成都会默默地走开。

现在我们把上面的数据按照院系进行拆分，再来看看每个系的新生录取率情况。我们发现数学系与社会冲突系两个系的男女新生录取比率竟然完全相等，如表 4-3 所示。当把这两个系的数据进行合并计算时，再次发现男生录取率竟然高于女生录取率。

表 4-3　某大学研究生院按院系的新生录取情况与性别分布

		录取量（人）	申请总量（人）	录取率（%）
数学系	男性	200	400	50%
	女性	100	200	50%
社会冲突系	男性	50	150	33.3%
	女性	150	450	33.3%
合计	男性	250	550	45.5%
	女性	250	650	38.5%

辛普森悖论又出现了！

Bickel 教授认为，在这个案例中，辛普森悖论出现的原因是女生更愿意申请那些竞争压力很大的院系（比如社会冲突系），但是男生却更愿意申请那些相对容易进的院系（比如数学系）。

通过这个研究我们发现,对女性申请人的偏见模式明显但具有误导性。对分类数据的审查显示,倾向于女性的院系似乎与倾向于男性的院系一样多。如果数据得到适当的汇总,考虑到院系部门决策的自主权,从而纠正了女性申请研究生部门的倾向,而研究生部门对任何性别的申请人来说都更难进入,那么就会出现有利于女性的微小但统计上显著的偏见。

申请人更容易进入的研究生部门,往往是那些在本科预备课程中需要更多数学的部门。汇总数据中的偏见并非源于招生委员会的任何歧视模式,这似乎总体上相当公平,但显然源于教育系统早期的筛查。女性因其社会化和教育而被分流到研究生学习领域,这些领域通常更拥挤,完成学位的效率更低,资金也不太充足,而且往往提供较差的专业就业前景。

4.6.2 辛普森悖论现象是如何发生的

辛普森悖论现象与人们平常的认知是相违背的,而这个现象其实在现实中是比较普遍的,它的存在也是合理的。当发生辛普森悖论时,通常是因为不同的分组具有不同的特征或比例,这些特征或比例在整体数据中被掩盖或忽略了。辛普森悖论的原因可以归结为以下几点:

一种情况是可能存在着混淆变量:每个分组之间存在一个或多个混淆变量,这些变量与研究结果相关。当我们只看整体数据时,这些混淆变量的影响被掩盖了。但当我们将数据分组观察时,混淆变量的作用变得明显,导致了不同的结论。

另一个原因可能是不同分组的样本大小不平衡:当不同的分组具有不同的样本大小时,分组之间的比例关系可能会发生变化。这可能导致整体数据的结论与分组数据的结论相反。

第三个原因是存在统计偏差:在小样本情况下,由于统计偏差的存在,观察到的关系可能与实际情况不符。当每个分组之间的样本量很小或比例相差很大时,统计偏差的影响会更加显著。

4.6.3 如何才能避免出现辛普森悖论

在实际统计工作中，我们要怎么做才能避免出现辛普森悖论呢？

这个问题的答案是……很难。

因为数据可以用各种各样的方式分类，然后再进行比较，所以理论上潜在变量无穷无尽，人们总是可以用某个潜在变量得到某种结论。而且对于那些不怀好意的人来说，他们很容易对数据进行拆分或者归总，得到一个对自己有利的指标，从而来迷惑甚至操纵他人。即便是医学和社会学的专业研究者也常常会遇到辛普森悖论，从而得出错误的结论。

辛普森悖论的关键在于不同分组之间的相互关系和特征分布，以及整体数据对这些关系的模糊性。辛普森悖论的存在让我们不可能仅仅只用统计数字来推导准确的因果关系。因此，在统计分析中，我们能做的就是仔细地研究、分析各种影响因素，不要笼统概括地、浅尝辄止地看问题。我们需要小心地考虑这些因素，并确保我们的结论不会被分组数据的影响扭曲。

即便如此，在实际工作中，统计学家们还是总结出一些尽可能较少地受到辛普森悖论困扰的方法。当进行数据分析时，以下的一些方法可以帮助我们尽可能地远离辛普森悖论，或者尽可能较少地受到辛普森悖论的影响。

一是多角度分析数据：不仅要关注整体数据，还要对不同维度的分组数据进行详细分析。将数据按照相关特征或变量分组，然后在每个分组内进行比较。观察分组数据可以揭示混淆变量或其他潜在因素的影响。

二是注意样本量：在比较过程中，确保考虑到不同分组的样本大小和特征分布。确保每个分组的样本量足够大，以减小统计偏差的影响。较小的样本量可能导致不可靠的结论。

三是控制变量：通过实验设计、随机化或使用统计方法等手段，尽可能地控制可能引起辛普森悖论的混淆变量影响。

为了避免辛普森悖论的出现，我们可能需要斟酌个别分组的权重，以一定的系数去消除因分组资料基数差异所造成的影响，同时需要了解该情境是否存在其他潜在要素而需要综合考虑。在得出结论时，要谨慎解释结果，并明确指出分析的局限性和可能存在的潜在影响。

要注意，辛普森悖论可能在某些情况下仍然存在，因此，在数据分析中保持谨慎和审慎是非常必要的。

4.7 冰淇淋会导致犯罪？这纯属巧合

长期以来，统计学上有一个大家耳熟能详的经典案例：凶杀案和冰淇淋销售之间的相关性。

这个案例情况是这样的。

曾有研究人员研究了美国纽约市的冰淇淋销量和犯罪率的关系，数据统计结果表明：冰淇淋与犯罪率之间存在关联：只要冰淇淋卖得好，犯罪率就高。也就是说，随着冰淇淋销量的增长，犯罪率也呈现上升的趋势。他们由此得出结论"冰淇淋会导致犯罪"[1]，并且推测吃冰淇淋可能会在人的大脑里诱发一种化学反应，促进人们的犯罪倾向。

那么，有些人可能要问：为什么会发生这样的现象？是否存在一些社会学、心理学的理论依据？

4.7.1　存在相关性，但违背常识

我们来分析冰淇淋销量和犯罪率之间的相关性。假设我们收集了一段时间内的数据，发现在炎热的夏季，冰淇淋销量和犯罪率之间存在强正相关关系。也就是说，当冰淇淋销量增加时，犯罪率也随之增加。

然而，这个例子违背了常识，因为冰淇淋销量和犯罪率之间不应该存在直接

---

[1] Peters, J. When ice cream sales rise, so do homicides. Coincidence, or will your next cone murder you. [EB/OL]. Slate. http://dsodown.mywebtext.org/pdf/s03-Warm_Weather_Homicide_Rates.pdf.

的因果关系。没有任何科学证据或研究可以证明冰淇淋会导致犯罪。这个说法显然是无稽之谈。

冰淇淋是一种冷甜点，主要由乳制品、糖、调味香料和空气混合而成。它在世界各地被广泛食用，没有任何证据表明它会对人体产生任何负面影响，更不用说导致犯罪了。

通常情况下，有多种假设可以解释为什么冰淇淋销量增长、犯罪率也随之增长的现象。比如，可能是犯罪人员确实是由于吃冰淇淋导致了犯罪，也可能是那些犯罪的人喜欢吃冰淇淋，所以两个数据一起增长；还有可能是由于全球气候变暖，导致两个数据一起增长等。

有时候，人们可能会因为一时的冲动或者其他原因而犯罪，但冰淇淋不可能是导致这种行为的原因。这种说法可能只是一种幽默或者调侃，不应该被认真对待。

冰淇淋销量和犯罪率之间的这种关系的出现可能是因为夏季天气炎热，人们更倾向于在户外活动和消费冰淇淋，同时也增加了社会活动和人群聚集的机会，从而增加了犯罪率。

也就是说，冰淇淋销量与凶杀案数量的关系只是统计上的巧合罢了。两组数据的变化趋势只是碰巧相关，重要的是，相关性不是因果关系，不能说是因为冰淇淋销量增长了，所以凶杀案的数量增加了。同样，我们也不能得出只要不销售冰淇淋犯罪率就能降低的结论。

用两者的相关性来说明前者是后者的原因，这是一种逻辑性错误，混淆了因果。

4.7.2 不卖冰淇淋就没有犯罪了吗

相关性并不意味着因果关系。仅仅因为两个变量之间存在相关性，并不意味着其中一个变量直接导致了另一个变量的变化。在进行相关性分析时，我们需要谨慎地解释结果，并意识到相关性并不意味着因果关系。

我们思考一下：倘若不卖冰淇淋，就没有犯罪了吗？这显然是不可能的。冰淇淋销量和犯罪率可能都是由其他因素（例如温度、人口密度等）引起的。以天气热了、温度升高这一因素为例，冰淇淋卖得好通常与气温升高有关；而犯罪率的增加也是如此。由于美国夏天白天较长，人们通常回家较晚，并且常常开窗透气，这可能就给了罪犯可乘之机。可见，冰淇淋销量和犯罪率二者之间只是关联关系，并非因果关系。

在实际研究中，如果需要确认因果关系，我们需要更多的数据和统计方法来进行更深入的研究，挖掘出数据背后的逻辑，找出二者发生关联的充分必要条件，以确认是否存在真正的因果关系。

同时，我们还应运用科学的数据分析方法。比如，我们可以通过控制其他潜在因素来进行一个科学实验。设计一个科学的实验环境，以及条件相同的实验组和控制组。在控制组中的人不吃冰淇淋，观察记录其犯罪情况；在实验组的人每天吃一个冰淇淋，观察记录其犯罪情况。然后将两组的犯罪数据进行对比分析。若吃冰淇淋组数据的犯罪比率明显高于不吃冰淇淋的一组，则可以说明的确是吃冰淇淋导致了犯罪。

在科技发达的今天，通过大数据可以发现很多看似不相干的两个事件之间可能存在着统计学意义上的相关性，比如啤酒销量与尿片销量之间、冰淇淋销量与游泳池溺水事故之间、美国小姐的年龄与热射病死亡率之间、鸟类数量与太阳镜销量之间、鞋子尺码与阅读能力之间……但是，从统计学来说，这些相关性很强的两个变量之间并没有什么因果性关系，还存在着很大空间的其他解释。

4.7.3 什么是相关性分析

相关性分析是统计学中的一种方法，用于研究确定两个或多个变量之间是否存在某种关联关系，以及这种关系的强度和方向。

在相关性分析中，我们通常使用皮尔逊（Pearson）相关系数来度量变量之间的关联程度。它的取值范围在 $-1 \sim 1$ 之间。当相关系数为 1 时，表示两个变量完全正相关；当相关系数为 -1 时，表示两个变量完全负相关；当相关系数接近 0 时，表示两个变量之间的关联较弱或不存在。

相关性分析可以应用于各个领域，例如经济学、医学、社会科学等。

4.7.4 小明外出与手机使用时间的关系

小明目前就读于阳光中学三年级一班。小明是一个热爱户外活动的孩子，他经常参加各种户外运动和社交活动。两个月前，小明过生日，奶奶送给他一款新上市的智能手机。小明对这个生日礼物非常喜欢，一有空闲就来回摆弄，发信息、刷视频、打游戏，在社交媒体上聊天和浏览网页等，简直爱不释手。

小明的父母观察到，最近小明在家里似乎沉迷于他的手机，在看手机上花费大量时间。可是，如果小明不在家里，他的父母也担心小明在其他地方沉迷于手机玩个不停。他们开始思考，究竟是让小明留在家中好还是让小明外出离开家好，哪种情况下小明使用手机的时间更长呢？

事实上，小明父母想要搞清楚的问题是：小明的外出时间和手机使用时间之间是否存在某种关联。

为了弄清楚这个问题，小明的父母收集、记录了小明最近一个月内的每日外出时间和手机使用时间。一个月后，他们将数据整理出来，形成了一组数据，包括小明的每日外出时间和他的手机使用时间。他们想要确定小明的外出时间和他的手机使用时间这两个变量之间是否存在关联，并进行了相关性分析。

结果显示，小明的外出时间和手机使用时间之间存在强负相关关系。这个结果让小明的父母感到惊讶，因为他们本来以为小明外出的时间越多，他使用手机的时间也会相应增加。

为了解释这个有趣的结果，他们进行了更深入的调查。他们发现，在小明的学校里，有一项规定是学生在上课期间不允许使用手机。小明是一个遵守规则的好学生，因此在上学期间他几乎不使用手机。然而，放学后，他就会迫不及待地使用手机来弥补白天的手机禁令。

此外，他们还发现，如果小明放学后不进行户外活动而是直接回家，那么小明就会拿起手机，手机的使用时间会较长；如果放学后小明去进行户外活动，无论是他喜欢的踢足球、打篮球等体育运动，还是与同学们骑车、看电影，小明的手机使用时间都相对较短。因为这些户外活动需要他全身心地投入，他没有太多时间和精力去使用手机。

通过这些调查，小明的父母成功地解释了小明外出时间和手机使用时间这两个变量之间的关联关系，还计算出了的相关系数为 -0.8，比较接近 -1，这说明小明外出时间和手机使用时间呈现着较强的负相关关系，即小明倾向于在外出时较少地使用手机。出现这种现象的主要原因在于学校规定的手机禁令以及他的兴趣爱好与在户外活动中的投入让他在特定时间段内减少了手机的使用。

4.8　国内最安逸城市排名遭质疑

就像 4.7 节中所说，一个城市的犯罪率和冰淇淋销量之间可能存在正相关关系，然而我们却不能仅仅根据这个统计关联就得出结论说冰淇淋销量的增加导致了犯罪率的增加，那样太滑稽了。生活中存在着许多类似这样的统计数据无法支持结论的情况，我们在做出结论的时候需要非常谨慎小心。

2010 年 10 月 13 日，第三方调查公司零点集团进行了一项《中国城市系列调查》[1]。所公布的调查结果显示，在中国最安逸城市前十名之中，北京以 9.6% 的支持率荣登榜首，杭州、成都、上海、昆明等城市紧随其后，分别位于第二至第五位。具体相关信息如图 4-6 所示。

令人没想到的是，这个国内最安逸城市的排名结果一经发布，立即引来一片质疑声。尤其是在北京生活、工作的人们，纷纷吐槽自己在北京的生活、工作压力非常大，每天紧张忙碌，焦虑内耗，再加上交通堵塞、房价高、物价高，根本谈不上生活安逸，怎么可能北京是全国最安逸的城市呢？这个榜单简直太不符合

---

[1] 城市生活离安逸有些遥远. 财新网. [2010-11-24]. https://horizon.blog.caixin.com/archives/11666.

事实了。

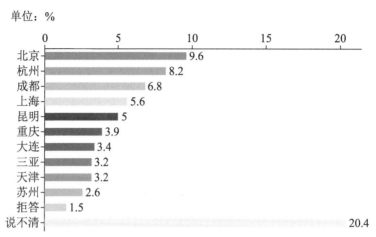

数据来源：零点研究咨询集团《中国城市系列调查》

图 4-6　中国最安逸城市前十名

很多人也随着表达了类似的观点，不仅对北京的安逸度排名表示质疑，还表示排名前十的其他几个城市大都也达不到他们对安逸这一生活状态的要求，甚至对这个调查的整体排名准确度持保留态度。

4.8.1　数据能够支持结论吗

这份调查是于 2010 年 6 月在中国内地 30 个省会城市和直辖市进行的，采用了多阶段随机抽样的方式，共计对 6 577 名 18～60 周岁的常住居民进行了入户访问。每个城市的占比是基于投票给这个城市的人数除以总的受访人数而得到的。调查方表示，数据结果已按各地人口规模进行了加权处理，在 95% 的置信度下本次调查的抽样误差为 ±0.75%。

我们先假设这个调查的抽样在统计上是可信的，单从结果来看，安逸度排名前十的城市共计占比 51.5%，加上拒绝回答的 1.5%，以及"说不清"的 20.4% 受访者，综合仅有总受访者的 70% 左右给出了有效反馈。也就是说，这个调查的有效样本数据仅占约七成。这表明，在相当一部分的受访者心目中，中国目前并没有公认的安逸城市的典范，受访者很难对中国最安逸城市形成鲜明统一的答案，或者是根本"说不清"。

即便是北京排名第一，但是认为北京生活最安逸的受访者数量占比只有9.6%，还不到10%，这意味着超过九成的受访者并不认同北京是安逸之城，也就是不能得出北京是最安逸城市的这一结论，所以"北京是国内最安逸的城市"的说法根本就无法成立。

4.8.2 数据之间的差距显著吗

我们再仔细观察一下图4-6中前面的排名。调查结果显示，前十名城市的生活安逸认同占比都在10%以下，最高的是北京9.6%，最低的是苏州2.6%。这十座城市相互之间的数字差距并不大，几乎都不到1.5个百分点。在统计学上，我们认为这种差异度的排名没有实际意义。

那么，如何才能达到统计学上的显著差异呢？也许增加样本量可以使城市之间的安逸差异变得有统计学意义，也许需要了解在各个城市之间是否真的存在安逸度差距问题，或者是在研究设计方法上存在问题。

究其原因，研究者没有给出明确的安逸城市的定义。

什么样的城市才能被定义为安逸？"安逸"是指城市的治安环境、自然环境、物质资源、经济发展水平，还是指城市的历史底蕴、气候水土、旅游景点，或是指城市居民的生活娱乐方式、消费水平等？它可以有很多不同的维度。此次调查结果表明[1],[2]，公众对于安逸城市的理解，包含多个维度，而"安全"是"安逸"的前提性内涵，其次是富足稳定的生活，另外，舒适怡人的自然条件是安逸生活

---

[1] 哪座是中国最安逸城市？五成受访者称"说不清" [EB/OL]. 新浪网. [2010-10-13]. https://news.sina.com.cn/o/2010-10-13/213418226833s.shtml.
[2] 北京成最安逸城市遭质疑 调查方称系媒体误读 [EB/OL]. 新浪网. [2010-10-15]. https://finance.sina.com.cn/roll/20101015/15018787084.shtml.

的环境保证,而生活态度和心态也会对安逸程度有所影响。

实际上,根据目前的数据,我们认为这项调查能够得出的合适结论应该是"人们还没有形成公认的安逸城市""城市生活离安逸还很远"等。在当前阶段,无论国家和个人都在向上爬升阶段,各地居民的生活压力和矛盾都是在所难免的。城市生活特别是大都市,离理想中的安逸还有些遥远。因而中国内地城市居民对最安逸城市的问题没有统一的答案也很正常。

4.9 生活中常遵循的钟形分布曲线

你见过古代寺庙中的佛钟吗?就是那种用来通报时辰、召集僧众的器物。它有一个特别的形状,中间部分较高,两边低一些。在寺院里,佛钟不仅是有实用功能的报时器,更是警示集众、佛教活动中不可缺少的法器,寺院生活的一切几乎全由"钟"来引导和决定。有一句佛家偈语说:"闻钟声,烦恼轻,智慧长,菩提增。"可见,佛钟既是报时的工具,也是智慧的象征。

这个中间高、两侧低的佛钟,其实也容纳着独特的统计学特征,被广泛应用在许多领域来解释很多现象。

当进行统计调查工作时,我们通常会收集大量的数据。这些数据可能是不同人的身高、体重、考试成绩、收入水平、智力水平,或者是不同地区的降雨量等不同的连续随机变量。如果我们将这些数据进行绘制,会发现一个有趣的模式:它们的概率分布可能会形成一个钟形曲线,如图 4-7 所示。

这个钟形曲线就是我们所说的正态分布。正态分布是一个描述数据分布的统计概念,也被称为常态分布、高斯分布(Gaussian Distribution),是统计学中非常常见、非常重要的一种概率分布。它可以用来描述数学、物理及工程等领域的许多自然现象和随机现象的概率分布。可以看出,符合正态分布的图形呈现一个钟形曲线,它的形状类似一口钟,也就是说,绝大多数的数据都集中在中间,在两边的数据较少且通过钟的中心而呈现左右对称的分布。因此人们又经常称之为钟形曲线。

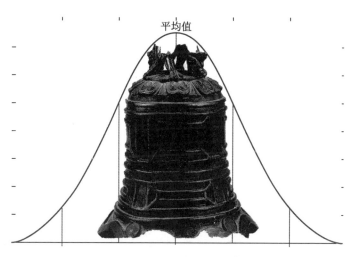

图 4-7　正态分布曲线示意图

正态分布有三个重要的参数：均值（mean）、方差（variance）和标准差（standard deviation）。均值是钟形曲线的中心点，表示这组数据分布的平均值；方差是曲线的宽度，表示数据的离散程度；标准差是方差的平方根，也是曲线的高度，表示数据的波动幅度。利用数据的平均值和标准差可以很好地描述一组正态分布的数据。

正态分布在统计学、自然界和社会科学中被广泛应用，因为许多现象在大量观测中都呈现出了正态分布的特征。正态分布是研究和分析随机现象的重要工具，可以帮助人们理解数据的规律和特征。

4.9.1　股市只有 5% 的人赚钱

一些研究表明，在大量的投资者和大规模的市场交易中，能够赚钱的人数比率可能趋向于接近正态分布，一个理想化的正态分布。

正态分布是一种连续型随机变量分布，它的特点是大部分数据集中在均值附近，而极端值的出现概率较低。在金融市场上，股价走势很多时候呈现出随机游走的特点，即股价的波动值服从正态分布。假设某只股票的平均日收益率为 0.5%，标准差为 1%，这意味着该股票的收益率呈现一个以 0.5% 为中心的正态分布，大多数日收益率接近于平均值，而较远离平均值的收益率较为罕见。

在股市中，有一种说法是"股市只有 5% 的人赚钱"。这个说法是一个对现实情况的大致描述，可以参考正态分布来理解。用来描述股市中盈利者的比例相对较低，只有少数人能够持续盈利。将这个概念应用到股市盈利者比例上，我们可以大致认为，只有少数人能够在股市中持续盈利，而大部分人可能无法实现盈利或盈利有限。这种现象与正态分布的特点相吻合，即大部分投资者处于平均水平，而少数优秀投资者和运气不佳的投资者位于两侧。

股市是一个充满竞争和风险的地方。股市受到许多因素的影响，包括经济、政治、社会等。这些因素的变化可能导致股市波动，从而使得投资回报变得难以预测。在股市中，赚钱的比率与实际的盈利比例受到多种因素的影响，包括经济环境、市场条件、市场泡沫和崩盘、投资者的技能和策略、投资者的行为偏误等，这些因素可能导致赚钱比率的实际分布不完全符合正态分布。在理解这个说法时，我们需要综合考虑多种因素，以形成更全面的认识。

从投资者的角度看，要在股市中获得稳定的盈利，投资者需要具备较强的风险管理和预测能力。在股市中，投资者需要面对许多其他投资者、机构和专业投资者的竞争。要想盈利，投资者需要具备足够的知识和技能，以便在众多竞争者中脱颖而出。由于大部分投资者缺乏必要的知识和技能，因此他们很难在股市中持续盈利。

此外，许多投资者在股市中容易受到情绪的影响，如恐惧、贪婪、过度自信等。这些情绪会导致投资者在错误的时候买入或卖出，从而影响他们的投资回报。为了避免这些错误，投资者需要具备较强的心理素质，以便在市场波动时保持冷静和理性。

实际上，"股市只有 5% 的人赚钱"这个说法是在提醒投资者，股市投资是一项具有挑战性的任务，需要投资者具备足够的知识、技能和心理素质。要提高在股市中的盈利机会，投资者需要不断地学习和实践，以提高自己的投资能力。

4.9.2 身高的正态分布

一所中学有 1 000 名学生，学生的年龄在 13 ～ 16 岁之间。年度体检的结果显示，这些中学生的身高大致呈正态分布。将所有学生的身高绘制成一个个柱状图，会发现柱状图呈现典型的钟形曲线。即使班级中的学生身高各不相同，但学生们身高分布仍然接近正态分布。大多数学生的身高集中在均值附近，而非常高或非常矮的学生数量相对较少。

根据调查数据，这些中学生的平均身高为 160cm，标准差为 5cm。这意味着大多数中学生的身高集中在平均值附近，即 160cm。根据正态分布的性质，约 68% 的中学生身高落在平均值加减一个标准差的范围内，即在 155cm ～ 165cm。约 95% 的中学生身高分布在平均值加减两个标准差的范围内，即在 150cm ～ 170cm。约 99.7% 的中学生身高分布在平均值加减三个标准差的范围内，即在 145cm ～ 175cm。

尽管学生们具体的平均值和标准差可能因地区、族群等因素而有所差异，但是，了解中学生身高的正态分布特征有助于教育机构和健康专业人士更好地了解学生群体的身体发育情况，并为制定相关政策和提供适当的健康指导提供参考。此外，对服装制造商、人体测量学研究等领域也具有重要意义，以满足中学生群体的身高特征和需求。

如果你不相信，试图从其他学校随机选择 1 000 名中学生再次重复进行中学生的身高测量，并记录下平均值……如此反复很多次时，即使每次选择的中学生是随机的，当你将这些学生的身高值求和并计算平均值时，将会发现一个有趣的现象，就是这些平均身高的分布接近正态分布。

这种现象就是中心极限定理。对来自任何分布的独立随机变量，当样本容量足够大时，它们的均值的分布将近似于正态分布。

4.9.3 选择吃什么晚餐

周末我们与家人朋友聚会时，免不了要吃吃喝喝。关于"今晚想吃什么"这个问题，不知你发现没有，由于每个人口味和偏好的多样性，人们对晚餐的选择会有很大的变化，涵盖各种菜肴和风味。然而，无论最后选择的是吃什么，我们好像总是能够找到一个好吃的餐馆，并高高兴兴地享受美食。

为什么餐馆中总是能有满足大家都爱吃的东西呢？

很明显，餐饮业是面对大型消费者群体进行经营的，各家餐馆的菜肴品类通常是基于对顾客需求和市场调研的分析得出的。他们调查人们的饮食喜好并将所有人的选择进行汇总绘制成柱状图，然后会发现一些有趣的结果。通过正态分布的思维模式，将人们对晚餐的选择进行了可视化。虽然每个人的口味和喜好不同，但当我们将整个消费者群体的选择汇总起来时，可能会看到一些普遍的趋势。根据正态分布的规律，一些普遍受欢迎的菜肴（如中餐、意大利面、披萨）会在柱状图上显示出较高的峰值，这说明这些菜肴是大多数人的首选。而一些较为特殊或非主流的菜肴（如异国料理或特定口味的食物）的选择次数可能较少，呈现出较低的数值。

这样，餐馆更可能会针对消费者的口味偏好、消费习惯、价格敏感度等因素来确定最受欢迎和最具吸引力的几种套餐组合，他们可以确保菜肴能够满足大多数消费者的需求，并提供高度可预测的销售和供应链需求。可见，人们更好地理解正态分布可以将其应用到日常生活的情境中。

4.9.4 考试成绩分布

一所学校举行了一次数学考试，学生人数众多。在这类大规模考试中，考生的成绩通常符合正态分布。平均分数集中在中间，高分和低分的考生数量相对较少。

这种分布模式对教育机构和教育政策制定者有重要的参考价值。教育机构可以根据正态分布的特性制定评估标准。假设平均分是 80 分，标准差是 10 分。教育机构可以设定 60 分为及格线，确保大部分学生都能通过考试。同时，他们可以将 90 分以上定义为优秀成绩，以鼓励学生追求更高的分数。

通过正态分布的参考，教育机构可以更好地评估教学质量，并为个体学生提供个性化的辅导和支持。考试成绩的正态分布表明了学生整体的表现水平。如果成绩呈现良好的正态分布，意味着教学质量相对均衡，绝大多数学生达到了合理的水平。相反，如果成绩偏离正态分布，可能意味着教学存在问题，需要进一步调查和改进。

此外，教师还可以根据学生的成绩相对于均值的位置，确定哪些学生可能需要额外的支持或挑战。那些位于正态分布的下尾部的学生可能需要额外的辅导和支持，而那些位于上尾部的学生可能是学霸，需要更高水平的挑战。

4.9.5 小结

正态分布的概念和特性提供了一种有用的理论框架，用于描述和解释许多现实生活中的观察结果，从而帮助人们更好地理解和分析各种现象和数据。尽管在实际应用中的分布可能并不是完全理想化的正态分布，可能存在一些偏斜或尾部厚重的情况，但是正态分布模型仍然可以为我们理解、描述和预测数据的分布特征提供一个有用的参考。

4.10 英语学得好的人为什么法语和西班牙语也学得好

有些人好像是学习语言的天才。他们不仅英语学得好，而且还精通西班牙语、法语和德语等。为什么英语学得好的人可能更容易学好法语和西班牙语呢？

有人可能回答说，因为英语、法语、西班牙语都同属一个语系。

如果分析一下不同语言之间的相关性、相似性，我们的确可以发现英语、法语和西班牙语之间在词汇、语法和语音等方面存在一定程度的相关性。例如，在词汇方面，英语和法语有很多类似的词汇，它们都源于拉丁语和古希腊语。这个原因可能使得学习这些同一语系的语言在词汇方面更容易上手。

虽然从某些发音特点、语法结构、词汇等语言特征看，英语与西班牙语、法语、德语、意大利语、葡萄牙语等同属于印欧语系，具有相类似的语言特征，但是，学习一门新语言毕竟需要投入大量的时间和精力，不是每个人都能轻松掌握的。除了语言自身的体系特征之外，从学习者的角度看，那些轻松掌握多门语言的人，他们是不是有什么学习语言的共性的"优势武器"呢？

4.10.1 语言学习者的特征

为了弄清楚学习语言的"优势武器"，我们可以运用统计学的思维来进行发掘，分析一下那些外语学得好的学习者的特征。

首先我们收集并整理相关数据。这些数据包括所有可能影响他们在学习不同语言时所表现出来的特征，通常为定量数据，例如，学习者的年龄、性别、教育水平、母语，已掌握的外语数量，语言学习的动机、经历、态度，每周学习语言的频率，每次学习的时长，学习环境、学习方法等，所有这些因素都是我们要研究的变量，其数据特征都可能影响学习者的语言学习能力。

至于收集以上这些变量数据集的方式，可以通过调查问卷或者实验测试等方式获取英语与西班牙语、法语等外语学习者的相关数据。接下来，我们统计分析不同语言学习者在以上十多个变量方面的数据表现和偏好。

分析数据后发现，有些变量之间是相互关联的，有些则相互独立。将有关联的变量归划分为一组，发现最终能够解释语言学习优秀者的共同特征可能只有三个：兴趣、能力、方法。

对于那些英语学得好的人来说，他们对语言学习充满了热情，并且对学习新语言具有强烈的动机和兴趣。这种积极的学习态度和动力促使他们更加努力地学习和掌握其他语言。其次，这些外语学习好的人都具有较强的语言学习能力，如都更擅长学习、理解和掌握新的语言结构、语音和语法规则和词汇等要素。这种能力可以推广到其他语言的学习上，使他们能够更快地适应和容易掌握法语和西班牙语等。此外，他们都具有良好的学习习惯和策略，那些英语学得好的人可能已经掌握了一套有效适用的语言学习策略和技巧，如定期练习、沉浸式学习等，他们在学习其他语言时可能会运用之前积累的语言学习策略和习惯，这有助于他们更有效地学习其他语言。

以上我们所用的方法就是统计学中的因子分析法。

因子分析法用于探索多个变量之间的潜在关系，并通过将相同本质的变量归入一个因子，将它们归纳为更少的潜在共性因子，从而可减少变量的数目。进行因子分析的数据通常为定量数据。通过因子分析，我们可以将复杂的数据集简化，并从中提取关键的共性信息，将多个相关变量归纳为较少的潜在因子，这些潜在因子可以解释数据的共同变化趋势，帮助我们更好地理解数据背后的结构和模式。

4.10.2 制订个性化英语学习方案

当涉及学习外语时，学校或教育机构可以使用因子分析来了解学生在不同语言技能方面的表现和偏好，以更好地了解语言学习中的个性差异，并制定个性化的学习策略。学生也可以将这个概念应用到自己的学习中，了解自己的语言技能优势和弱点，并采取相应的措施来提高自己的外语能力。

高中生艾米对学习英语充满热情，并且她觉得自己已经学得不错。于是她参加了一项外语能力测试，其中包括听力、口语、阅读和写作4个部分，测试结果如下：

- 听力测试得分80；
- 口语测试得分70；
- 阅读测试得分90；
- 写作测试得分65。

艾米对自己的测试结果感到困惑，因为她发现自己在阅读方面表现很好，但在口语和写作方面表现较差。

为了更好地了解艾米的语言学习能力，她的导师收集了艾米和其他学生在各项测试中的得分，并使用因子分析方法进行了数据分析。

结果，导师发现了影响外语能力的两个主要因子：接收理解和表达运用，这两个因子分别解释了艾米在听力和阅读方面的较好表现，以及在口语和写作方面的较弱表现。

表达因子解释了学生在口语和写作方面的表现。这意味着那些在口语方面表现好的学生也很可能在写作方面表现好，因为这两个方面都需要语言表达能力，与艾米的词汇量、语法掌握、口语流利度和表达的准确性、清晰度，与他人交流中的自信心等特征有关。

理解因子解释了学生在听力和阅读方面的表现。这意味着那些听力能力强的学生也很可能在阅读方面表现好，因为这两个方面都需要理解语言和提取信息的能力。这个因子可能与学生听力的敏感度、语音辨别能力、阅读理解能力、语言分析能力和词汇掌握等特征有关。

为了支持这些结果，导师提供了其他学生的平均得分数据：

- 听力测试平均得分 78；
- 口语测试平均得分 72；
- 阅读测试平均得分 85；
- 写作测试平均得分 70。

基于艾米在表达方面表现较弱的这个测试结果，导师为她制订了更有针对性的教学计划，安排艾米与其他学生或母语为英语的人进行更多的对话，为艾米提供更多的口语练习和对话机会。这样的对话机会将让艾米更多地接触英语的实际应用场景，并提升她的交流技巧和自信心。另一方面，导师建议艾米加强写作练习，还鼓励艾米每天写日记，记录自己的日常生活、思考和感受，这将帮助她锻炼书写技巧，提高自我表达能力。

艾米接受了导师的建议。随着时间的推移，她的语言学习能力得到了显著提高，尤其在口语和写作两个方面取得了很大进步。

4.10.3　学霸为什么门门功课得 A

我们身边是不是有这样的同学：他们不仅语文成绩好，而且数学、英语、科学的成绩也名列前茅，甚至在体育、劳动的科目上也很强。也就是说，学霸们不仅是一科成绩好，还往往是其他各科成绩也比较好，简直门门功课都是排在前列！

是什么原因使得这些学霸们的功课能够全都排在前列呢？

这些学霸的各科成绩之间是否存在着一定的相关性，是否存在某些潜在的共性因子，或者某些一般智力条件影响着这些学生的学习成绩呢？

我们可以利用统计学方法寻找这个问题的答案，找到能够解释学生成绩变化的共同因素。

收集整理一份关于学生的调查数据，其中包括他们在数学、语文、科学和体育方面的成绩。数学成绩在 0～100 分之间，语文成绩在 0～100 分之间，科学成绩在 0～100 分之间，体育成绩在 0～100 分之间。然后，我们收集 100 名学生的个人学习数据，其中包括对每门功课的兴趣程度，在相关功课上花费的时间，阅读课外书的数量和主题，喜爱的体育项目，每周锻炼时长等。

通过因子分析所有数据，我们会发现存在两个主要因子：一个与学习能力相关的因子和一个与体育能力相关的因子。这意味着学生的数学、语文和科学成绩在某种程度上共同受到一个因子的影响，而体育成绩受到另一个因子的影响。

通过因子分析，我们可以将原始的四个变量（数学、语文、科学和体育成绩）简化为两个潜在因子（学习能力和体育能力）。这样一来，我们可以更好地理解学生的整体表现，而不仅仅是关注单个学科或成绩。

因子分析结果发现，学霸之所以在学习上表现出色，除了他们的学习效率高外，还有其他优秀特质的支持。学霸通常对学习充满热情，他们不仅仅是为了追求单个学科的好成绩而学习，而是积极主动地探索和拓展整体的知识面。他们注重阅读和思考，深入理解和应用所学的知识，培养批判性思维和解决问题的能力。他们不拘泥于某一学科，而是积极寻求跨学科的联系和综合应用，这使得他们的知识更加全面和丰富。

另外，学霸具备较强的自学能力，他们能够主动地寻找学习资源，利用各种途径获取新知识。他们有良好的学习方法和自我管理能力，能够有效地安排学习时间，提高学习效率。这些共同特质使得学霸们能够在各个学科都取得良好的成绩。

4.10.4 足球踢得好，打篮球也不差

阳光中学做了一份调查问卷，询问学生对体育运动的喜好。问卷包括多个问题，涉及不同的体育项目，如足球、篮球、乒乓球、跑步、羽毛球、轮滑、游泳等，还包括学生的年龄、性别和身高等。

结果发现，尽管学生们喜爱的体育项目五花八门、各不相同，但这些被喜爱的项目却有一些规律。比如喜欢踢足球的同学都比较喜欢打篮球，而喜欢打乒乓球的同学也大多喜欢打羽毛球。那么，这些被喜爱的体育项目之间是否存在一些共同的因素或是潜在共同的因子，可以解释学生对不同体育项目的喜好原因呢？

通过因子分析发现有两个主要因子：个人体育和团队体育。

个人体育因子可以解释学生对乒乓球和游泳等个人体育项目的喜好。这意味着那些喜欢打乒乓球的学生也很可能喜欢游泳，因为这两个项目都强调个人技能和自我竞争。这个个人体育因子可能与学生的独立性、自我挑战和自我成就感等特征有关。

同样，团队体育因子解释了学生对足球和篮球的喜好。这意味着那些喜欢踢足球的学生也很可能喜欢打篮球，因为这两个项目都属于团队体育。这个因子可能与学生喜欢参与团队活动、享受合作和协作等特征有关。

进一步提取与足球和篮球表现相关的因子。这些因子可能包括技术能力、运动协调性、战术理解等。学生在足球方面表现出色可能是因为他们在技术能力和运动协调性等因子上具有较高的得分。同样，学生在篮球方面表现得不错可能是因为他们在技术能力和战术理解等因子上得分较高。

比如，杰克同学特别热爱体育运动，也展现出较好的运动天赋和潜力。杰克从小就对足球情有独钟，他在学校的足球队中展现出了出色的技术和战术理解能力，不仅脚法灵活，传球准确，射门有力量，而且在比赛中总是能够找到最佳的位置，并迅速作出正确的进攻决策。他的队友们都因此很喜欢和他一起踢球。同时，杰克对篮球也抱有浓厚的兴趣，在篮球场上也展现出了非凡的能力。他投篮准确，运球灵活，并且具备出色的篮球智商。

杰克所具备的运动素质、技术和战术理解能力是通用的，他利用在足球中培养的协作能力，在篮球场上与队友们紧密配合，展现出出色的团队合作精神。

因子分析不仅可以帮助学校了解学生群体对体育项目喜好的共同特征，为设计体育课程和活动提供指导，还有助于制定差异化的教学策略和培训计划，以满足学生的兴趣和需求。对于学生个人，可以确定自己在哪些方面具有较高的运动能力和潜力，以选择参加相应的专业训练，发展优势领域。

第 5 章
别忘了要进行数据检验

在现实中，判断人们是否运用统计数据"撒谎"并不容易。如果仅仅凭着直觉来观察数据就能识破谎言，那就更加不容易了。统计学家想出了一些比较有效的科学检验方法，这些检验方法不仅是他们工作经验的日积月累，也是他们对统计精神的一种追求。

进行统计检验是数据分析和科学研究中的重要步骤，它可以确保统计分析的准确性和可靠性，有助于人们得出正确的结论，防止被数据蒙骗或误导。

5.1 做奶茶先放奶还是先放茶

冬季的一个午后，积雪还没融化，一抹阳光穿过光秃秃的树枝撒落在窗边宽大的餐桌上。客厅里，一群人围坐在餐桌边，一口口地品尝着杯子里香喷喷、热腾腾的奶茶，一股甜蜜略涩的味道令人温暖而沉醉。

时光轮转，这个温馨的场景也曾出现在 20 世纪 20 年代剑桥大学的一个午后，一群学者们也正围坐在餐桌旁，悠闲自在地享用着下午茶，如图 5-1 所示。

谁曾预料，统计学史上一个著名的时刻即将在这里发生。

来源：本图由智谱清言 AI 生成

图 5-1　在喝下午茶的学者们

5.1.1　奶茶味道的测试检验

这些学者们有的在品茶，有的正像往常一样冲泡奶茶。

突然，一位名叫穆里尔·布里斯托的女博士说冲泡奶茶的顺序对奶茶的味道影响很大，把茶加进奶里与把奶加进茶里这两种不同方式冲泡出来的奶茶味道截然不同。她还自信地表示，自己可以分辨出来这两种奶茶的味道。

听到这儿，在场的一帮学者们有的觉得这个话题很无聊，看了这位女士一眼，便又自顾自地继续喝茶。有的学者认为这位布里斯托女士的观点很可笑，管它是先加茶还是先加奶，两者混合后的成分都是一样的，怎么可能会由于顺序不同而有不同的奶茶味道呢？

正在这时，在座的一位身材矮小、戴着厚眼镜、留着络腮胡子的男士却对这个问题很感兴趣，他认真又兴奋地说到："我们来验证一下吧。"

5.1.2 为什么要喝 8 杯奶茶

怎么验证呢？

当然是准备几杯不同冲泡方式的奶茶，请这位布里斯托女士品尝分辨了。而且，不能让她事先知道哪一杯是先放奶或先放茶，然后把这些冲好的奶茶打乱顺序，随机地拿给这位女士喝。真理只有在实践中才能得到验证。

问题是，要请这位女士鉴别几杯奶茶呢？

如果鉴别的奶茶数量太少，例如只喝 1 杯，别说布里斯托女士了，任何人都有可能蒙对。可是，如果鉴别的奶茶数量太多，一是当时客厅里没有准备特别多，实现起来较困难，二是会造成浪费。

确定一个合理的检验杯数是很有必要的。

那么，到底需要让这位女士鉴别多少杯奶茶，才足够也才恰到好处地令在场的学者们相信先放奶与先放茶的奶茶味道的确不一样呢？

提出实验验证的这位男士就是现代统计学奠基人之一的费希尔（Ronald Aylmer Fisher）。费希尔后来把这个试验的详情记录了下来，认真地记录在他 1935 年的著作《试验设计》[①]当中。

在这个奶茶试验中，费希尔请这位女士一共品鉴了 8 杯奶茶，就非常肯定地得出了结论：先加茶与先加奶的奶茶味道果然不一样。费希尔为什么这么确定 8 杯奶茶就足够验证呢？为什么不是 18 杯或 28 杯呢？

如果请这位女士只鉴别 1 杯奶茶，即使她根本没有这种分辨能力，仅凭猜测，也有 50% 的概率猜对，显然 1 杯绝对不够。

如果请她鉴别 2 杯奶茶，那么只靠猜测品对的概率就变成了 50% 乘以 50%，也就是 25% 的可能性，仍然很高。

---

① Fisher, R.A. The Design of Experiments[M]. New York: Hafner Press, 1935.

如果请她鉴别 3 杯奶茶，那么只靠猜测品对的概率就变成了 50% 的 3 次方，也就是 12.5% 的可能性，仍然较高。

如果请她鉴别 4 杯奶茶，那么只靠猜测品对的概率就变成了 50% 的 4 次方，也就是 6.25% 的可能性，有点高。

如果请她鉴别 5 杯奶茶，那么只靠猜测品对的概率就变成了 50% 的 5 次方，也就是 3.125% 的可能性，还是略高。

如果请她鉴别 6 杯奶茶，那么只靠猜测品对的概率就变成了 50% 的 6 次方，也就是 1.563% 的可能性，很低，不过还有可能猜对。

如果请她鉴别 7 杯奶茶，那么只靠猜测品对的概率就变成了 50% 的 7 次方，也就是 0.781% 的可能性，非常低，不太可能猜对了。

如果请她鉴别 8 杯奶茶，那么只靠猜测品对的概率就变成了 50% 的 8 次方，也就是 0.39% 的可能性，非常低，不可能猜对。

如果请她鉴别 9 杯奶茶，那么只靠猜测品对的概率就变成了 50% 的 9 次方，也就是 0.195% 的可能性，非常低，不可能猜对。

……

可见，只要品鉴 8 杯及 8 杯以上奶茶，仅靠猜测的人是不可能猜对奶茶的正确冲泡顺序的。由此可见，8 杯就足以验证"不同冲泡顺序的奶茶味道不一样"这个假设。当然，这个假设的前提是这位女士确实具有品鉴能力，即能够分辨出奶茶是先加奶与先加茶的能力。

在实际试验时难度有所降低，受测试的女士在品茶前被告知了一点，就是在试验的 8 杯奶茶中，有 4 杯是先加茶后加奶，另 4 杯是先加奶后加茶的。

5.1.3 怎么知道不是瞎猜的

于是在那个美丽的午后，这 8 杯不同冲泡顺序的奶茶，被装在外观一样的茶杯中，以随机的顺序被送去给这位女士品尝，如图 5-2 所示。试验结束后，在场的各位学者们惊奇地发现，这位布里斯托女士竟然能真的准确判断出每一杯奶茶的实际冲泡方式：哪些是先加奶的，哪些是先加茶的。

来源：本图由智谱清言 AI 生成

图 5-2　正在品茶的女士

费希尔先生设计的试验方法，关键在于如何排除那种没有任何奶茶味道分辨能力的人也有可能全部蒙对的巧合情况。

这个试验设计有个重要的前提，就是假设"这位布里斯托女士不具备真实的先加奶和先加茶的分辨能力"，我们把它称为零假设（H_0）。与之相反，我们通过否定零假设再设置一个备择假设（H_1），就是"这位布里斯托女士具备真实的先加奶和先加茶的分辨能力"。

然后，我们统计计算在零假设成立的情况下，也就是随机猜测的话，要正确分辨出奶茶冲泡顺序的可能性或概率有多少。

5.1.4 品茶能力的显著检验

可以看到,如果这位女士不具备先加奶和先加茶的分辨能力的话,要全部猜对的概率仅为 1.43%。由于这个概率很小,小到几乎不可能发生,所以,我们有充足的理由认为原有的零假设很有可能是错误的,也就是"这位布里斯托女士不具备真实的先加奶和先加茶的分辨能力"是不成立的,应该拒绝;相反,应该接受与之相反的备择假设,就是这位布里斯托女士确实能正确辨别出奶茶的冲泡顺序。

在统计学上,这个小到几乎不可能发生的概率,通常用 p 值(检验水平)来表示。p 值的作用通常是用来评估判定统计结果的显著性,而统计显著性可以帮助我们判断观察到的结果是因为真实存在,还是因为随机性因素而引起的。较小的 p 值表示结果的差异更显著。

p 值的显著性判别阈值一般公认为 0.05。如果一个事件发生的概率小于 0.05 时,我们认为可以有充足显著的理由拒绝零假设。在这个奶茶品鉴试验中,p 值为 0.0143,小于 0.05,所以在场的各位学者们自信且显著地认为,这位布里斯托女士具备真实的奶茶分辨能力,能够分辨出一杯奶茶是先加奶还是先加茶的。

实际上,关于确定能否正确分辨出奶茶冲泡顺序的这个试验是一次显著性的假设检验,也是推断统计学上的重要解题思路。

5.2 男生比女生数学成绩更好吗

5.2.1 数学成绩引发的性别困惑

刘月今年上高中二年级。在最近的期末考试中,由于数学考试成绩只得了 82 分,刘月有点不开心。

几个好朋友安慰刘月不必难过,理由是男生更擅长理性思维,作为更擅长感性思维的女生在数学成绩方面差一些是很正常的。周围的人也经常鼓吹"女生数学能力不如男生""女生到了高中数学就不行了""男生在数学上有优势"等类似的言论。

听到这些言论，刘月有些疑惑，数学成绩的好坏与性别有关系吗？有什么确凿数据证实了男生比女生在数学成绩上更有优势吗？

这似乎涉及一个假设：数学考试成绩与性别是有关的。

刘月所在的高二（1）班有30名男生和30名女生。在这次同一场数学考试中，男生的平均成绩为82分，女生的平均成绩为80分。这些数据显示出男生的成绩略高于女生。不过，刘月清楚地记得，在上次的数学考试中，男生平均成绩却是低于女生的。

那么，这次考试男生与女生的数学平均成绩的差异是不是由于女生没有做好考前准备而造成的成绩波动呢？或者确实是男女性别差异造成的数学成绩差异呢？这种女生比男生数学成绩低的现象只是自己所在班级的特殊情况还是其他学校班级的男女生数学成绩也存在这样的差异？

通常来说，女生和男生的大脑运作结构相似，女生的数理分析能力与男生的应该没有什么显著的差异。但是，怎么验证这个结论观点呢？如何设定一个合理的基准来判断这个性别差异呢？

5.2.2 关于男女成绩的假设检验

令刘月感到困惑的这个难题可以求助于统计学。

一个统计学角度的解决思路是进行假设检验。假设检验是一种比较观察到的数据与某个假设之间的差异的方法。

在进行假设检验时，先提出一个零假设，它表明观察到的差异是由于随机因素引起的，并且没有真实的效应存在。这里，零假设是：男生与女生在数学平均成绩上没有差异，即男生和女生的平均数学成绩相等。

然后，提出一个备择假设，它表明观察到的差异是由于真实效应存在引起的。

这里，备择假设是：男生与女生在平均数学成绩上存在显著差异。

可以发现，备择假设与零假设的观点相反。如果零假设成立，那么备择假设就是不成立的，应该舍弃。反之，如果零假设不成立，那么备择假设就是成立的，可以接受。

下一步，收集男女学生的数学成绩数据。

"男生"和"女生"其实是"性别"这个分类变量的两个取值。男生和女生的数学成绩是相互独立、互相不受影响的两组定量数据。这里把它们分别称之为男生组和女生组，然后分析比较男女生这两个不同组的平均成绩之间是否存在统计学意义上的差异，也称为是否存在显著差异。这种分析两个不同群组定量数据差异情况的方法，在统计学中叫作独立样本 t 检验。

将收集到的成绩数据输入统计软件，计算得到独立样本 t 检验的统计结果 p 值。p 值是一个在检验时专门用于判断两组之间差异水平的指标。如果发现 p 值大于事先设定的水平（通常数值设为 0.05）就接受零假设，即有足够的证据表明男生和女生两个组的平均数学成绩没有显著差异。这也就意味着男生和女生在数学成绩上的差异可能仅仅是由于抽样误差影响而造成的，而不是统计学意义上的真正差异。在这种情况下无法确定男生和女生在数学成绩上是否存在真实的差异，需要更多的数据或者其他的研究方法来进一步探究。

相反，如果发现 p 值小于事先设定的显著性水平值 0.05，那么就可以拒绝零假设，认为观察到的差异是显著的、具有统计学意义的，并接受备择假设，即男生和女生在数学成绩上存在显著差异，也就是说，男生比女生可能拥有学好数学的更多天赋。

5.2.3 p 值不代表成绩差异的大小

在对比男生数学成绩和女生数学成绩的实验里，你会不会认为相比 $p<0.05$，$p<0.01$ 代表着男生数学成绩和女生数学成绩的差异更大？

事实当然不是这样的。

在假设检验中，p 值表示对比差异来源于抽样误差的可能性。

当 p 值 >0.05 时，说明所得统计结果由抽样误差产生的概率大于 5%，我们一般接受关于男生数学成绩和女生数学成绩之间没有差异的零假设。

当 p 值 < 0.05 时，说明两组数据间的差异来源于由抽样误差产生的可能性低于 5%。由于这个概率很小，我们一般拒绝相信关于男女数学成绩之间没有差异的零假设，而是相信男生数学成绩和女生数学成绩之间确实存在差异。

当 p 值 < 0.01 时，同样也说明男女生数学成绩之间没有差异的零假设不成立，所得的男女生数学成绩差异结果不可能由抽样误差产生，而是接受男女生数学成绩之间存在差异的假设。

也就是说，p 值 < 0.01 与 p 值 < 0.05 时所得到的结论是一样的，仅能证明男女生数学成绩存在显著性的差异。

p 值的大小体现的并不是男生数学成绩和女生数学成绩之间的差异大小，而是男生数学成绩和女生数学成绩之间有差异的可能性，具体来说，是差异来源于抽样误差的可能性。

显著性检验（由 p 值表示）对科学推断非常有意义。

不过，统计显著性只能告诉我们这些差异是否超出了随机变异的范围，并不能告诉我们观察到的差异的实际重要性或实际效果的大小。

此外，p 值是人为定义的，受到样本大小和其他因素的影响，未必一定设定为 0.05 这个值，也并不是我们得出科学实验结论的唯一判据。判断一个推断统计结论是否合理不能只看 p 值，还可参考置信区间等工具。

5.2.4 假设检验是必不可少的

一项推断统计结论，即便它的数据采集科学，样本选择有代表性，分析方法准确，我们也不能理所当然地认为它得出的结论是完全合理的，因为推断统计结论还需要进行一个不可或缺的重要步骤：假设检验。

推断性的过程实际上就是一种假设检验。

假设检验是一种统计学思想，它的基本逻辑是：根据所获的样本特征，运用统计学方法对总体的某种假设进行检验和判断。

数据检验的目的是评估观察到的差异是否真实存在，以及这些差异是否超出了随机变异的范围。进行数据检验有助于评估差异的显著性，排除随机变异的影响，支持科学假设和理论，提供决策支持，并提高数据分析的可信度和可重复性。它是科学研究和统计分析的一部分。

只有经过了假设检验的推断性统计结论，我们才能判断它是否合理。

5.3　智能手表电池续航时间像宣传的那么长吗

智能手表是深受众多用户喜爱的产品。它可以用于运动计步，连接手机蓝牙进行消息推送与通话，还有心率监测、GPS 定位、海拔指南针等其他辅助功能。虽然智能手表有着传统手表所不具有的强大功能，但它也存在一个巨大的软肋，就是智能手表各项功能都要耗电，影响到它的续航问题，而续航很大程度上取决于电池。

假如一位产品经理想要确定用户对一款新推出的智能手表的电池续航时长的反馈，并检查一下是否与广告宣传的续航时长一样。对此，可以采用同样的思路进行统计检验。只不过，需要检验的是比较一个样本的平均值是否与一个已知的理论均值相等。在统计学上，这样的检验方法称之为单样本 t 检验。

首先，提出要检验的假设。零假设是：手表的平均电池续航时长符合预期的 18 小时。备择假设是：手表的平均电池续航时长不符合预期的 18 小时。

然后，收集一组用户数据。可以在市场上随机选择一些用户，请他们使用这款智能手表并记录每次充电后手表的使用时长。这样便得到了这款产品的用户使用时长样本，例如 {18, 20, 22, 16, 19, 21, 17}。

接下来，选择适当的统计检验方法。由于只有一个样本的数据，并且想要比较的是样本平均值与已知的理论值，所以可以使用单样本 t 检验来进行假设检验，来判断手表的平均电池寿命是否达到预期，也就是比较手表的平均电池寿命值与预期值是否存在显著差异。

单样本 t 检验的统计量是 t 值，它表示样本平均值与理论值之间的差异相对于样本的变异程度。具体步骤是先计算样本的平均数和标准差，当然，也可以借助统计软件来计算单样本 t 的统计量。然后，根据单样本 t 的统计量的值和自由度查找 t 分布表或使用统计软件来确定 p 值。

通过比较可以确定是否拒绝零假设。

根据研究的具体要求，显著水平（α）选择为 0.05。如果计算得到的 p 值小于预先设定的显著水平，我们就拒绝零假设，即有足够的证据表明这款智能手表的平均电池续航时长不符合预期的时长，并且确定这个样本的平均续航时长与宣传预期的续航时长之间存在显著差异。

如果计算出的 p 值大于 t 分布的临界值（对给定的自由度和显著性水平），则可以接受零假设，进而得出结论：样本的续航时长与宣传预期的续航时长之间没有显著差异，也就是说，广告宣传所称的续航时长也没有问题。

5.4 打不打疫苗被感染的概率问题

接种疫苗是预防和控制传染病的有效措施。

一般情况下，打过病毒疫苗与不打疫苗的区别主要在于感染概率不同。以新型冠状病毒疫苗为例，疫苗的作用主要是在一定程度上防止感染新冠病毒。如果接种疫苗，可以降低感染新冠病毒的概率；如果不接种疫苗则可能会增加感染新型冠状病毒的概率。打疫苗的主要目的是通过激活人体的免疫系统使其对病毒产生免疫反应，从而减少感染的风险和被感染后的严重程度。

那么，"未接种疫苗的人群面临更高的感染新冠病毒风险"这个结论能否从统计学上得到证明吗？

是的，统计方法可以帮助我们评估并量化打疫苗对感染病毒的风险程度。

5.4.1 打不打疫苗感染的概率一样

我们提出的零假设是：打疫苗与不打疫苗的人感染病毒的概率没有差别。备择假设是：打疫苗与不打疫苗的人感染病毒的概率存在差别。

已经提出了假设，接下来便是研究该如何"检验"。

检验的基本原理是基于零假设来收集数据，从而测定观察值与预期值之间的差异显著性。

整个的检验过程与判定标准与前文讲述的类似。

我们随机选取打疫苗与不打疫苗的人作为数据测试样本进行检验。将测试者分为两个类别：曾经打过疫苗的测试者和未打过疫苗的测试者。同时，将感染人群也分为两个类别：被感染者和未被感染者。

这两组数据相互独立，所进行的假设验证是独立样本的 t 检验。

我们发现，"打过疫苗"和"未打过疫苗"是分类变量的两个取值；"被感染者"和"未被感染者"，也是类别变量的值，由此可以计算出频数。为了判断打疫苗与感染病毒之间是否存在显著关联，我们可以使用卡方检验来进行假设检验。

卡方检验是由英国数学家卡尔·皮尔逊于 1900 年提出的，用来描述统计样本的实际观测值与理论推断值之间的吻合程度，即用以测定观察值与期望值之间是否存在差异显著性。这一理论被提出后得到了广泛的应用，在现代统计理论中占有重要地位。

卡方检验通常用于分析分类数据和计数数据，例如，比较两个或多个组别的分布差异或检验观察到的频数与理论期望的一致性。卡方检验的统计量是根据观察值和期望值之间的差异计算得出的。观察值是实际观察到的数据，期望值是在零假设下预期的数据。

然后收集调查样本的数据，记录每个测试者是否打过疫苗和是否感染了病毒。借助于统计软件，我们可以使用卡方检验来分析这些数据，并评估打疫苗与感染病毒之间是否存在统计上的显著关联。

根据研究的具体要求选择一个适当的显著性水平（例如 0.05）作为卡方统计

量的显著性水平。通过将卡方统计量与自由度的卡方分布进行比较可以确定是否拒绝零假设。

如果计算出的卡方统计量大于卡方分布的临界值（对给定的自由度和显著性水平），我们可以拒绝零假设，进而得出结论：打疫苗与感染病毒之间存在统计上的显著关联。

5.4.2 新疫苗产品的有效性检验

疫苗的研发是一个漫长而复杂的过程，且成本很高。

某家疫苗公司开发出一种声称可以治愈新冠病毒的新疫苗，并希望通过测试实验来证明这种疫苗的有效性。

在测试实验中，为了比较该疫苗接种者是否对感染病毒有差异，研究人员将参与的测试者分为两组：一组接受新疫苗，另一组接受安慰剂（无疫苗）。在实验结束后，研究人员收集了两组参与者的新冠病毒感染情况数据。

同时，研究人员进行了合理的样本大小计算，并且确保两组参与者在其他方面的特征是类似的。经分析数据发现，在接受注射新疫苗的组中有 65% 的参与者没有感染新冠，而在接受安慰剂治疗的组中只有 45% 的参与者没有感染新冠。

为了判断新疫苗是否真的比安慰剂更有效，他们使用卡方检验来比较两组的数据结果。假设发现新疫苗组的没有感染新冠率显著高于安慰剂组的，且 p 值小于设定的显著性水平，这意味着他们有足够的证据来支持结论：新疫苗在预防新冠病毒方面比安慰剂更有效。

其实，这种直接比较疫苗接种后的两组数据指标的做法是有问题的，因为它没有考虑到两组测试参与者在接种疫苗之前的差异。如果实验组的测试者包含很多的身强体壮且免疫力较强的人群怎么办？这样的人群即便不接种疫苗，感染病毒的概率也低于免疫力较低的人群。显然，这个没有被考虑的因素会影响到数据结果。

如果要消除这个影响因素的话，需要先比较一下接种这个疫苗前两组测试者的差异，证明他们之间不存在统计学意义上的差异，然后再比较接种疫苗后两组的差异。或者，先比较实验组接种疫苗前和接种后的差异，再比较对照组接种疫苗前和接种后的差异，如果实验组接种疫苗后和接种前差异更大，则说明实验组的这个疫苗确实有效。

5.4.3 辉瑞疫苗的保护率解读

在新冠病毒肆虐期间，美国辉瑞制药有限公司研制的疫苗备受各国舆论关注。据宣传，辉瑞疫苗能预防 95% 的新冠病毒，也就是辉瑞疫苗有 95% 的保护率。

这个 95% 的保护率是如何得出的？

在流行病学中，疫苗保护率有如下的计算公式：

疫苗保护率 =（对照组发病率 − 接种组发病率）/ 对照组发病率 ×100%

据称，辉瑞疫苗的Ⅲ期随机对照实验纳入了 43 448 人，平均分为两组。实验结束时，疫苗组 21 720 个受试者中有 8 人确诊感染了新冠病毒，安慰剂对照组 21 728 个受试者中有 162 人确诊感染，两组感染率的相对差别是（162 ÷ 21 720 − 8 ÷ 21 728）÷（162 ÷ 21 720）= 0.9506，以百分数表示的话，约等于 95%，也就是辉瑞疫苗的保护率。

然而，2021 年 1 月 4 日，《英国医学杂志》(*The British Medical Journal*，BMJ) 编辑彼得·多西在刊物官博 The BMJ Opinion 发表了一篇文章[①]，对辉瑞疫苗的 95% 的保护率提出质疑。

多西认为，辉瑞在临床实验中将 3 410 例的疑似病例全部排除在结果之外，疫苗保护率是 95% 的结论是在这样的前提下得出的。因为根据辉瑞新冠疫苗临床实验的规程，这些人不能作为确诊新冠病例而纳入疫苗有效性的计算之中。

可是，这些疑似病例不能都排除感染新冠病毒的可能性。如何处理这些疑似

---

① [2021-01-04]. https://blogs.bmj.com/bmj/2021/01/04/peter-doshi-pfizer-and-modernas-95-effective-vaccines-we-need-more-details-and-the-raw-data/

病例将直接影响有效性的计算结果。如果将全部疑似病例都纳入确诊病例的范围内，也就是把这些疑似病例都按照确诊新冠病例来计算，那么辉瑞疫苗的保护率只有19%了。

这篇质疑报道一经刊出，舆论一片哗然：辉瑞疫苗所公布的保护率有水分！

我们知道，新冠感染有多种临床表现形式，有轻度感染、中度感染、重度感染、无症状感染等。仔细解读一下会发现，在辉瑞疫苗实验中的确没有给出无症状感染的病例。

辉瑞疫苗实验使用的感染实验主要包括轻度和中度感染者。辉瑞新冠疫苗的保护率评估不能回答疫苗预防无症状感染、轻度感染、中度感染和重度感染的能力。在95%的保护率之中，显然不包括重度（含死亡）感染的预防效果，也不包括预防无症状感染者的效果。

此外，造成不同疫苗效果差异的另一个重要原因是随机误差。随机误差是由一些目前尚不能解释的原因所引起的误差，且难以避免。由于随机误差的存在，即使是对同一种疫苗效果的实验，即使研究设计和方法学上都保持一致，不同实验研究的结果也不会完全相同，或多或少都会存在差别。

统计推断是建立在样本数据的基础上，而不是整个总体。即使在样本上进行了严格的数据检验,仍然可能存在误差和抽样误差。即便所提出的假设通过了检验，结论也可能不完全准确。所以，我们需要谨慎解读每一个统计结论。在具体解读时，我们还应该考虑数据的限制、假设的合理性、效应的显著程度、实际应用中的重要性等多个因素。同时,结论的解释应该基于研究项目的领域知识和实际情境，并进行进一步的验证和复查。这样才能确保结论的准确性和可靠性，为实际应用提供有价值的指导。

第 6 章
谨慎使用统计结果作决策

"世界上有三种谎言,分别是谎言、该死的谎言、统计学(There are three kinds of lies: damned lies, and statistics.)。"[1]

上面这句话来自美国作家马克·吐温,不过马克·吐温则表示他引用的是英国前首相本杰明·迪斯雷利(Benjamin Disraeli)的话。马克·吐温以幽默和讽刺的写作风格著称,代表作品有小说《百万英镑》《哈克贝利·费恩历险记》《汤姆·索亚历险记》等。

无论是谁说的,这句话都以一种戏谑的方式表达了对统计学的看法,强调统计数据有时候可能被人们误解、操纵、滥用或用于误导他人,甚至能够讲出一个数据确凿、强而有力的"美丽"故事。其主要原因在于应用统计学可以根据数据的选择、分析方法和解释方式而产生不同的结论。

让我们记住这句话的提醒,在解读和使用统计数据时要保持谨慎,识别其背后的背景和方法。

6.1 看着好看的统计结果

小何在一家 4S 店担任汽车销售。年初因为整个汽车行业不景气,销售业绩惨淡。转眼一年快过去了,又到了年底考核的时候。小何对着汇报表发呆了许久,

---

[1] Twain, Mark, and Leary, Sheila. Mark Twain's Own Autobiography: The Chapters from the North American Review[M]. Madison: University of Wisconsin Press, 2010, 185.

自己在前三季度共卖出 43 辆车，他正发愁怎么向老板汇报。同事老王全年也只卖出 43 辆车，销量不比小何好，总体上讲也没完成销售任务。可是老王却一点也不发愁，也不慌张。

当汇报工作时，小何才发现自己与老王的差距，他们的业绩汇报图如图 6-1 所示。

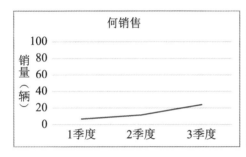 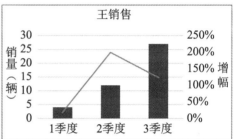

图 6-1　销售员的季度业绩

结果可想而知，老板认为小何的销售业绩平平，却对老王的销售业绩印象深刻，并认为老王干得很不错，销售业绩进步显著。

这不禁让人想起了那个著名的"屡败屡战"的故事。把"屡战屡败"改为"屡败屡战"，能把失败转变成执着不屈，并能带给人希望。与"屡败屡战"有异曲同工之妙，基于同样的事实，王销售通过有技巧地展现数据和工作汇报，就能把一些中性的事情变成好事，让原本不值一提的工作报告增加亮点，更是加深了老板对他的好印象。

6.1.1　有技巧地描述数据

在日常生活和工作中，像上文所述王销售那样能够有技巧地描述数据的人无处不在。

在 2023 年的某移动运营公司年终总结中，客服小雪声称自己是最令客户满意的员工。因为如图 6-2 所示的数据显示，小雪不仅过去一年服务的所有客户中有

98.2%的满意度,而且小雪的客户满意度是小周的两倍,是小芳的4倍以上。从图6-2可以看出,小周的客户满意度为96.4%,小芳的客户满意度为95.3%,从数据上看,这两位客服的服务质量也不错。仔细观察左边的数字,发现所有客服的客户满意度比例仅在95%~100%之间。如果坐标是从0到100,那么4位客服的客户满意度打分看起来根本没什么差距。

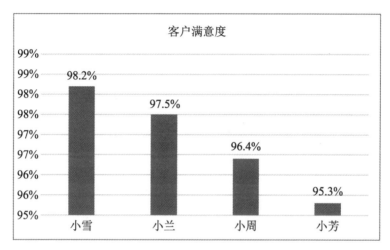

图6-2　4位员工的客户满意度情况

在数字经济时代,我们既是数据的生产者,也是数据的使用者。数据是客观呆板的,然而数据的展示则可以生动有趣。如果使用得当,图表可以帮助我们直观地掌握复杂的数据。借助形形色色的数据可视化技术手段,数据图表天才们可以用简洁、直观又有趣的图表把大量的信息汇聚在小小的一张图表中,不仅让人一目了然,让枯燥的数据和信息变了模样,而且还能让洞察、见解跃然纸上,达到轻松传达复杂观点的目的。

但是,视觉图表也可能使数据以粗心或不诚实的方式呈现。作为接收方,我们在欣赏这些经过精心加工的数据可视化作品之时,不要被看上去美丽的数据结果展示所迷惑,而是需要识别、洞察美丽背后的本来数据面目。即便是完全真实客观的数据,通过技巧性描述展示,依然有可能令接收方产生不一样的主观印象,甚至有可能欺骗接收方。例如下文所谓的投资回报率问题。

6.1.2 投资回报率同比增长 200%

投资回报率简称 ROI，是指企业或个人通过投资而应返回价值的百分比。它可以比较直观地反映出一家企业的盈利状况，并且也是衡量一家企业经营效果和效率的一项重要指标。

有一家从事大数据业务的科技公司，为了扩大业务和补充公司流动资金，2019 年底从投资人那里成功地融资 3 000 万元。这些融资额中的 2 000 万元被投入主营业务之中，其余的 1 000 万元被公司高层决定放入金融市场进行证券投资，以求获得投资收益。

2020 年，这家公司使用募集资金 1 000 万元购买股票损失 10 万元，那么用股票投资损失 10 万元除以投入金额 1 000 万元，可以得到这家公司通过金融市场所取得的投资回报率 = 利润 / 投入成本，即得到的投资回报率为 −1%。2021 年，这家公司仍投入 1 000 万元买股票，赚了 10 万元，当年的投资回报率为 1%。

当向投资人汇报年度业绩时，这家公司可以这样描述：今年投资回报率 1%，比去年 −1% 多了 2 个百分点；也可以这样描述：今年投资回报率比去年提升增长了 200%。对同样的数据、同样的业绩，显然后者的描述方式更加令人印象深刻，也更加"好听"，毕竟投资回报率同比增长 200% 是一个让人闻之动容的数字！

其实，无论扭亏为盈还是增长了 2 个百分点或增长了 200%，从实际收益的角度来看，这家公司在股票市场上的表现都不怎么样，其投资收益甚至比不上银行的定期存款收益率。它只是在技巧性地"美化"数据，让数据更加好看而已。聪明的投资人一眼就可以看清投资收益的真实本质。

6.1.3 价格上涨幅度大吗

一家幼儿园为园内小朋友提供每日的三餐，并对此收取伙食费。第一年的伙食费是每人每天 28 元，去年由于食品食材价格上涨，幼儿园宣布将伙食费调整为每人每天 32 元；今年同样由于食品食材价格上涨，幼儿园再次宣布将伙食费调整为每人每天 39 元。

仔细看一下这个伙食费的调整，去年的伙食费是由 28 元上涨了 4 元，调整为 32 元；今年是在去年基础上上涨了 7 元，调整为 39 元。有的家长表示孩子的伙食费仅仅是上涨了 7 元而已，上涨金额不大，总额还是不到 40 元，是很稳定的。

事实真的如此吗？

从年度上涨率来看：

去年的伙食费上涨率 =（32−28）÷28= 14.3%

今年的伙食费上涨率 =（39−32）÷32= 21.9%

由此可见，今年的伙食费涨幅很大，今年涨的 7 元是去年上涨金额的 1.75 倍；并且今年的上涨率（21.9%）也是去年（14.3%）的 1.5 倍，意味着上涨率提高了 50%，这不是一个小数目，值得家长们重视。

从不同维度观察、描述数据会得到不同的体验。在日常生活中，人们一般用涨幅来衡量价格的上涨情况。如果价格涨幅过大，则意味着通胀上升，居民的生活成本在加大。上文中的幼儿园方面的确没有故意"美化"数据，而只是"轻描淡写"地宣布了伙食费的最终上涨金额。至于真实的价格上涨幅度情况，需要家长们自己去发现。即便是物价上涨率每年保持在小小的 3% 不变，那么 10 年后或 45 年后上涨的情况也是一笔不小的数字呢。

6.1.4　图表显示变化很大

人类是视觉动物，对于人来说，图表比文字更容易给人留下直观、深刻的印象，图表甚至还可以对读者进行有效的暗示，也就是说，同样的数据通过图表"美化"就可以让读者得出你想让他们得出的结论。在日常的生活和工作中，如果只从表面上观察数据，我们往往会得到一些错误的信息。

图表夸大的主要方式之一是调整基准线或坐标轴。

例如，把某家汽车销售公司的年度汽车销量做成一个折线图。从右侧图中的折线看，销售量这些年来几乎变化不大。而从左侧图中的折线的上涨趋势，可以看到销量在逐年飞速上涨，如图 6-3 所示。

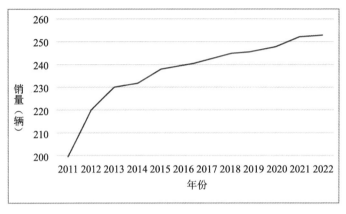

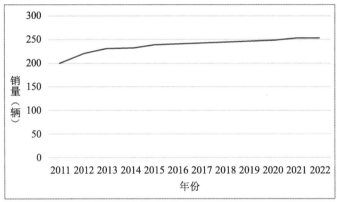

图 6-3　近年来汽车年度销量

其实，左、右这两张图的数据是完全一样的。

如果仔细看左、右两张图的纵坐标刻度，我们可以发现左侧这张图的纵坐标的最小值是从 200 开始，右侧这张图的纵坐标的最小值是从 0 开始。总体对应来看，这家公司每年的年销量增加都不到 10 辆，10 年多的销量仅增长了近 20%。只不过是为了突出变化，左侧的作图人将销量变化进行了放大显示。

这是图表通过扭曲比例来歪曲数据的最常见方式之一。放大 y 轴的一小部分，将会放大所比较事物之间几乎无法察觉的差异。这种方式对条形图尤其具有误导性，因为在人们的印象中一般都会不自觉地假设：条形大小的差异是与值成正比的。

进一步而言，如果我们同时调整、控制横坐标和纵坐标，可以将年度销售量变化做得更为夸张，如图6-4所示。在 x 轴，作图人已经仔细选择了特定的时间范围，以排除该时间范围之外的微小变化的数据影响，选择特定的数据点可以隐藏其间的重要变化。这种方式被称为樱桃采摘术，主要是通过选择特定的数据点沿 x 轴进行比例尺扭曲，以线形图显示随时间变化的情况。

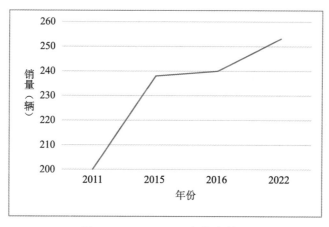

图6-4　2011—2022年汽车销量

人们看到这种扭曲的图表，即使图表数据本身没有任何问题，遗漏相关数据也会给人一种误导性的印象。这张经过操纵坐标轴的图表让人感觉甚至可以让上升20%的数据比上升200%的数据显得更加明显，更加令人瞠目结舌。

对于读图的人来说，应该仔细观察坐标轴的基准位置，以及数据单位的设定情况。尤其是在比较较多的数值的时候，要注意折线图的零基线在哪里，有没有包括在图表范围内，数据单位的量度是多少。除非数据的相对较小波动是有意义的（例如在股票市场数据中），可以截断并放大比例，不必从零基线开始去显示这些差异，否则的话，在折线图中最好从零基线开始。

图表夸大的另一场景是发生在多组数据之间的比较。

使用图表虽然可以让数据间的比较变得更加容易,可以让受众直接"看到"两组不同数据集之间的差异;但是,仅将两个图表并排放置并不一定能做到这一点;实际上,这有可能会让数据变得更加混乱。

王销售和何销售的销售业绩的比较如图 6-5 所示。这两组数据的数值是固定的,基准线也都是从零开始。不同的地方在于,左图的最小单位设置是 50,而右图的最小单位设置是 5,仅为左图最小单位的十分之一。结果,两位销售员之间的业绩差异最终显示效果完全不同。如果从左图来看,王销售和何销售的销售业绩差别并不大;如果从右图来看,王销售和何销售的销售业绩差别非常明显,王销售每个季度的销售业绩都明显领先于何销售。事实上,造成左右两图的显示差异的主要原因在于,不同大小的显示单位可以将数据差异进行压缩或放大。

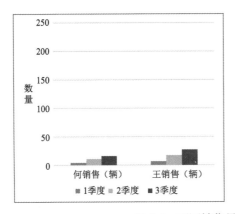 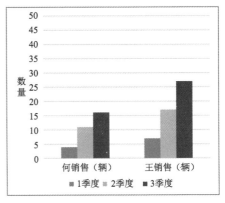

图 6-5 不同销售员的季度销量对比图

当然,有时候特别需要突出这种微小的差别。

例如,2023 年 7 月,社交媒体上广泛传播一篇关于土地沉降和地铁变形的文章[①],引发了公众的担忧。地面沉降的风险正在北京的一些地区蔓延,其中朝阳区黑庄户地铁站位于最大变形区。

---

① 土地沉降,地铁变形? 一些概念要厘清 [EB/OL]. 腾讯新闻. [2023-07-31]. https://new.qq.com/rain/a/20230731A04VBO00.

该文引用了 2022 年华北理工大学联合武汉大学发表的一篇论文《InSAR 数据揭示北京土地沉降》，其中提到：北京 15 条地铁线中有 6 条平均变形率超过 5mm/年；其中 1 号线上的八通线平均变形率最大，达到 22.5mm/ 年；6 号线和 7 号线最大变形率分别为 70.4mm/ 年和 115.1mm/ 年。

如果对以上数据使用"米"为单位进行绘图，那么给人的印象是这些变化看起来微不足道。但事实上，即使下沉 1mm 也会造成大规模的生态破坏。这就是为什么显示每年平均变形率变化的图更为重要。

6.1.5　结语

从数据描述者的角度，可能出于掩盖弱点等各种各样的目的而做出美化数据的行为，使数据统计的显示结果令观看者赏心悦目的同时，进而可能让观看者忽略数据本身所反映出来的事实真相。

从数据接收者的角度，如果我们在日常生活中是要基于这些统计数据作出重要决策时，则需要提高警惕，擦亮自己的眼睛，识别出统计数据中时常出现的一些小把戏，剥去数据的美丽外衣，辨别、选择具备有真正意义的统计数据来做参考。所以，当看到图表时，不要被直线和曲线所左右，要先查看标签、数字、比例和背景，并询问图表想要讲述什么内容。

6.2　被统计数据误导的决策

6.2.1　就诊时间怎么增加了

有一家阳光医院。这家医院的管理层非常注重数据应用，经常根据统计数据的分析结果来分析患者的就诊流程，找出瓶颈和改进之处；分析医护人员的工作负荷和效率，优化排班和资源分配，改善医院的运营效率和服务质量；分析医疗服务的质量指标，发现改进的领域等。医院对此还专门设立了一个数据信息部门，主要职责就是收集和分析这家医院各个部门的数据，包括患者就诊数据、医疗服务数据、医护人员数据等。这些数据可以通过电子病历系统、统计报告、问卷调查等方式获取。

近期，阳光医院信息部门的工作人员对大量的包括患者就诊时间、等待时间、医生工作时间等数据进行分析，他们发现在平时的工作日期间，患者在医院等待就诊的平均时间大约在20分钟~40分钟，平均就诊时间大约在2个小时；在周末的下午，患者在医院的就诊时间相对较短，只有1小时左右，等待时间也较少，只有不到5分钟。于是信息部门的工作人员将这个统计结果上报给医院管理层。

基于这些统计数据，医院的管理层认为在周末下午患者就诊等待时间相对较短、等待时间也较少的原因是患者数量较少，可以优化资源配置，不需要过多的医生和护士。于是医院管理层作出了一个决策：在周末的下午减少医生和护士的人手，调整医生排班，以节约医院的运营成本。

新决策实施了一段时间后，阳光医院发现情况与预期不同。当他们减少了周末出诊的医护人员数量之后，患者们看病需要等待的时间开始大幅增加，患者纷纷抱怨这家医院的服务质量下降了，有不少患者因此还转去了其他医院看病。

对于这个结果，医院的管理层感到非常困惑，基于统计数据的结论和决策难道出现了错误？

于是，他们仔细回顾了之前的统计数据，发现他们只看到了就诊时间短的统计结果，却忽略了一个重要的因素：在周末的下午来医院就诊的患者大多数是一些危急情况的病例，这些患者等待就诊的时间较短，主要是因为病情紧急，医生和护士不得不对他们立即进行收治处理，以确保患者能够及时得到抢救和治疗。同时，诊疗这些紧急情况的患者较为复杂且需要较长时间，紧张忙碌是常态。

在现代社会中，因老龄化、生活节奏改变、环境污染、交通事故等原因，急、危、重症发病率在逐渐升高，急诊医疗人员队伍需求在不断增大。因此，这家阳光医院决定减少周末的医生人数，不仅没有优化医院的医疗资源反而加剧了患者的等待时间，降低了医院的服务质量。

统计数据只是提供了一种概括和总结，而在现实生活中，还有许多复杂的其他因素需要综合考虑。单纯地依赖统计数据作出决策是有风险的，容易忽略背后的细节和其他影响因素，从而导致决策失误。阳光医院的管理层之所以被误导，是因为他们只看到了就诊时间短的统计结果，却没有考虑到这是因为医生和护士在处理复杂和紧急病例中的忙碌和努力。在使用统计数据作出决策时，我们需要保持谨慎，需要综合考虑可能存在的其他各种因素，并进行全面的分析和评估，才能避免被统计数据误导，才能作出更为准确和明智的决策。

6.2.2 减少促销合适吗

有一家名为爱美食的零食销售公司，面向全国地区销售松子、开心果、腰果等坚果类零食。这家公司的市场部经常使用统计数据来决定促销策略。这次，市场人员分析了公司在不同地区过去一年里每个季度的销售数据，如图 6-6 所示。

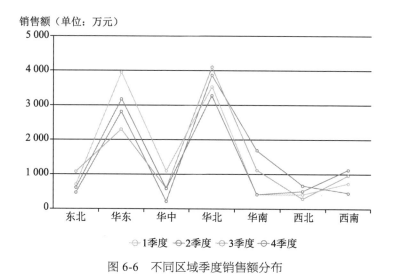

图 6-6 不同区域季度销售额分布

通过对这些数据进行分析，这家公司的市场人员发现公司产品在东北、华中、华南、西北和西南几个特定地区的销售额一直都较低。基于这个统计数据，他们考虑停止在这几个销量低的地区的促销活动，同时加大在华东和华北这两个高销量地区的促销力度，以节省成本并专注于销量好的地区。他们把这个建议汇报给公司高层领导并希望能及时调整市场战略。

然而，市场部的这个建议并没有得到公司高层领导的采纳。

公司高层领导指出，在东北等五个地区减少促销活动可能会导致这些地区进一步的销量下滑，并错失更大的潜在市场机会。尤其是当前休闲零食行业风起云涌，竞争势头迅猛。在该地区已经有新的竞争对手进入市场，导致了爱美食公司的销售额下降。

同时，市场人员没有评估东北这五个地区的市场潜力。这五个地区虽然经济状况比不上华东和华北地区，正经历经济衰退或其他不利因素，这些因素可能影响消费者的购买力和消费意愿，但是这几个地区的人口数量非常可观，具有很大的购买潜力。公司需要针对该地区的人口结构或消费者行为采取不同的市场营销策略，否则，这些市场份额将被竞争对手吞下。

仅仅依赖销售数据而忽视竞争状况、市场潜力和经济因素等可能会导致错误的决策。正确的做法是综合考虑各个方面的因素，进行全面的分析和评估，以制定更准确和全面的促销策略。

6.3 统计口径谎言——两个第一

6.3.1 谁才是第一名

中国大学哪家强？

答案：看排名。

排名是评估高等教育投入、过程与产出质量的方式之一。尤其是权威机构发布的大学排名，能够快速地帮助我们认识并了解各个国家大学的基本信息，作为我们选择报考大学，或者有关评估工作的重要参考。那些排名靠前的所谓"名校"

一般不会太差。

每年都会有来自多家机构的大学排名发布。比较权威的世界大学排名有泰晤士高等教育世界大学排名、QS 世界大学排名、U.S. News 世界大学排名、软科世界大学学术排名。

撇开国外的大学不谈，单就中国的大学排名，各家发布的结果都不完全相同，一些具有很高学术水平但社会声誉稍逊的高校可能排名较低，而一些声誉较好但学术水平一般的高校可能排名较高。尤其是谁排在第一，更是纷争不断。

2023 年 6 月 28 日，国际高等教育研究机构 QS 正式发布第 20 版世界大学排名。排名显示，麻省理工学院（MIT）连续第 12 年蝉联榜首，剑桥大学依然位于全球第 2 位，牛津大学排名全球第 3 位。中国（大陆）有 71 所高校上榜。北京大学排名全球第 17 位，是亚洲排名第二高的院校。清华大学排名全球第 25 位，是亚洲排名第三高的学校。亚洲排名最好的高校为新加坡国立大学，位于全球第 8 位。

2023 年 9 月 27 日，泰晤士高等教育（THE）发布了 2024 年世界大学排名。在排名榜单上，牛津大学排名第一位；斯坦福大学、麻省理工学院、哈佛大学、剑桥大学依次排名前二至前五位。在世界前 50 位高校中，中国的清华大学排名世界第 12 位；北京大学排名位世界第 14 位；香港大学位于第 35 位；上海交通大学和复旦大学分别位于第 43、44 位。

从中国高校来看，清华大学、北京大学哪所高校在世界上的排名更靠前、更高质量呢？也就是，谁才是中国大学里的第一名？

在 QS 排名中，北京大学全球排名第 17 位，亚洲排名第二，中国排名第一；清华大学全球排名第 25 位，亚洲排名第三，中国排名第二。与其不同，在泰晤士高等教育排名中，清华大学排名世界第 12 位，中国排名第一；北京大学全球排名第 14 位，中国排名第二。

那么，在中国的大学之中，究竟是清华大学更强，还是北京大学更强呢？

我们看一下它们的排名指标。

泰晤士高等教育世界大学排名以教学（学习环境）、研究（论文数量、收入和声誉）、知识转化（产业收入）、国际视野（学术人员、学生和研究）等多维度来衡量大学的综合实力。具体而言，该排名通过论文的引用频率、每名教师所对应的学生人数、留学生与国内学生的比例等13项指标进行评估。

QS世界大学排名则以问卷调查形式获取数据，排名评估的指标体系中包括学术声誉调查、雇主声誉调查、师生比、师均引用次数、国际学生比例和国际教师比例。其中学术声誉调查是根据全球8万多名知名学者的反馈，雇主声誉调查由4万多所全球企业的人力资源部门的反馈结果所得出。2023年，QS对排名方法进行了更新，引入了3项全新指标：可持续发展、就业成果和国际研究网络。本次排名是基于对1 750多万篇学术论文和来自超过24万名学者与雇主的专业意见分析而得出。

每一项指标都有其统计逻辑。在不知道统计指标背后逻辑的情况下，你以为你看到的大学排名就真的是你想的那样吗？以中国第一高校为例，究竟第一位是清华大学还是北京大学，两者的位次在不同的排名指标体系中的差异非常大。

在探讨类似的排名问题时，不可避免地会涉及"统计口径"这一核心概念。

统计口径（statistics specifications）是指在统计数据收集、整理和分析过程中所依照采用的标准，包括具体指标的定义、内涵界定、计算方法和数据范围等方面的规定。它也被称为统计指标口径、统计计算口径。统计口径的作用是确保统计数据的可比性、一致性和准确性，以便更好地反映和描述社会、经济和自然现象。在实际应用中，统计口径可能因国家、地区、部门和时间的不同而有所差异，因此在使用统计数据时，需要充分了解和考虑这些差异。

之所以出现上文所说的同一所高校在不同的排名体系中占据的位置不同，主要是因为不同的排名体系有着不同的统计指标口径。

所以，我们不必再纠结究竟谁是中国排名第一的高校，因为这个问题的答案需要看你是按着什么指标进行排名，无论是清华大学还是北京大学，谁都有可能排名第一。

同样的道理，我们总可以找到某个指标来统计得到类似的结论：玛丽可以是生物科学家中最擅长跳舞的人，亚历克斯可以是足球运动员中最擅长作曲的人，莉莉可以是作家中最擅长烹饪的人，马克可以是演员中最擅长打高尔夫球的人，杰克可以是厨师中跑步最快的人……只要加上合适的指标体系，每个人都可能在某个领域中展现出突出的才能甚至排名第一。

6.3.2　两个第一不奇怪

当前在汽车、智能手机等一些竞争激烈的行业，经常会有一些销量排名公布。有趣的是，不同的统计机构往往会在同一时间给出相互打架的数据结论，造成同一行业中同时出现两个或者多个第一的现象。

通常来说，都是以销量这个统计指标口径进行排名，应该不会出现两个第一名。不过虽然统计口径相同，但是各个机构采用的计算方法却不尽相同，从而导致了颇为明显的数据结果差异。

例如，在国内智能手机销量谁是第一的竞争中，甲、乙两家厂商都宣称自己的产品是当年的市场销量第一名，并且都展示了不同的市场调研机构给出的数据结论来为自己背书。

对各家厂家宣传的第一名，普通消费者的确一下子难以区分。但是，如果仔细对比一下给甲、乙两家厂商背书的统计机构所采用的计算口径，就会发现他们关于销量的计算方法完全不同。

关于手机销量的统计计算，甲厂商统计的是生产商卖给零售商的智能手机数量，乙厂商统计的则是零售商卖给顾客的手机数量；为甲厂商服务的统计机构主要依靠制造商提供的智能手机销量数据，而为乙厂商服务的统计机构则采用零售销售数据或消费者调查数据；为甲厂商服务的统计机构只统计实际销售出去的数量，而为乙厂商的统计机构则统计了包括预订数量或出货数量等；此外，在统计计算时，甲厂商统计的是自家手机销量在所有智能手机销量的份额占比为第一，乙厂商计算时是选取了自家手机销量在安卓系统智能手机销量的份额为第一。

所以，我们看到了如图 6-7 的情况，甲厂商和乙厂商都荣获了手机销量的第一名。

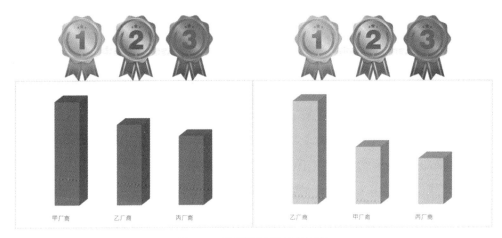

图 6-7 手机销量前三名厂商

这就是典型的统计计算口径差异所产生的误导,有人也把这种情况叫作统计口径谎言。

通过对数据进行操纵,特定范围取值,异常值处理或改变计算方法等,可以使统计结果与实际情况不符,从而达到误导或欺骗消费者的目的。

为了使自家手机的销售数据看起来更好,甲、乙两家厂商可能都采取了一些谎言行为。一方面,选择自家手机销量最好的有利时间段来展示销售数据,这个时间段可能是新品发布时或者在产品销售达到高峰的时候。仅仅通过公布这个时间段的销售数据,厂商可以让人们误以为它的手机产品在整个时间段内都有如此高的销售表现。另一方面,这两家厂商统计销量时可能还有意排除或隐藏了某些对自己不利的销售数据,例如不同手机型号的销量、不同操作系统手机的销量等。

有意操作统计计算口径的这种现象在现实生活中确实存在。这种行为的目的可能是为了误导公众,推销某种产品或服务,或者获得不当利益等,这种行为可能会导致不正确或者不公平的决策。

例如,一些地区的统计局在计算该地区居民的平均工资时,只统计了城市居民的工资数据,而忽略了农村居民的工资数据。这样一来,计算出的平均工资水平就会比实际情况要高,因为农村居民的工资水平通常较低。通过这种统计口径的改变,统计局可以营造出一个虚假的繁荣景象,使该地区看起来在经济发展方面取得了更好的成绩。然而,一旦农村居民的工资数据被纳入统计,平均工资水平就会下降,揭示出之前的统计口径谎言。

这些不同的数据来源和方法都可能导致排名结果的差异。虽然常识告诉我们,同一行业中同时出现两个第一是概率极小乃至是不可能的事件,但是如果我们了解了其中多种多样的原因,例如统计口径差异、基数偏差、数据粉饰夸大甚至数据造假等,就不会再觉得奇怪了。

在真实的数据分析和统计中,准确性、透明度和科学原则是至关重要的。任何尝试欺骗或谎报统计数据的行为都是不可接受的。我们在信任和接纳数据决策之前一定要睁大双眼,谨慎查验其究竟。

6.4 忽略基数规模差异的把戏

6.4.1 哪个品牌的电动车更加可靠

在大城市里生活,电动自行车是一种很普遍、很受欢迎的交通工具。骑电动车方便、快捷又环保,还不怕堵车。前段时间,我也打算买一辆电动车。我查看了多家电动车销售商店,问询了很多种电动车品牌,最终决定在两个品牌之间做出选择。

据销售人员介绍,A 品牌和 B 品牌的电动车在市场上都非常畅销,都卖得不错。我看到这两款车的销售价格差不多,便更加关心哪个品牌的车的质量更好。虽然两个品牌的车都附送一年的质保,但是作为消费者还是要选一辆用得更放心、更可靠的车。

于是,我向销售人员详细询问了关于这两个品牌电动车的故障返修情况。

销售人员查阅了资料,发现近一年来,发生故障返修的 A 品牌电动车有 10 辆,B 品牌电动车有 5 辆。也就是说,A 品牌电动车的故障量是 B 品牌电动车的 2 倍。

故障返修量相差这么多，显然是该选 B 品牌了。

当我正准备去收银台付款时，顺口问了一句这两个品牌的电动车卖得怎么样。销售员回答说这家店今年卖出 B 品牌电动车 10 辆，A 品牌电动车卖出去 1 000 辆。

听到这些话，我不禁停下了迈向收银台的脚步，准备再进一步分析计算一下这两个品牌车的故障率，也许可以得出不同的结论：A 品牌电动车总共销售了 1 000 辆，其中 10 辆车出现了故障问题，那么 A 品牌的故障率为 10 除以 1 000，即 1%。这意味着只有不到百分之一的 A 品牌电动车出现过问题。

B 品牌电动车一共销售出去 10 辆，其中有 5 辆出现了故障问题。通过故障率计算，得到 B 品牌电动车出现的故障率是 50%。这个数字显然非常高，意味着 B 品牌的电动车已经有一半的概率会出现问题。如果购买了这样的电动车，无疑将会令人面临着频繁的维修和不便。

通过对比 A 品牌电动车和 B 品牌电动车的故障率，我们可以清楚地看到，虽然 A 品牌的电动车出现了一些问题，但出现问题的比例非常低，只有 1%。与之相比，B 品牌的电动车故障率高达 50%。由此可以推断 A 品牌电动车在大量用户中表现良好，具有较高的质量，是更可靠的选择。

好险，我很庆幸自己当初没有匆忙选择购买 B 品牌这样的垃圾车。

在购买像电动车这样的商品时，了解一个品牌的质量可靠性非常重要。故障发生率是一个重要的参考指标，也就是将故障量与销售量相结合进行综合评估，将比只看故障量更有参考价值。

其中，销售量是一个很重要的比较基数，因为销售量可以反映出一个品牌的市场份额和用户数量。仅通过比较故障量来衡量一个品牌产品的质量是不充分的。因为如果一个品牌销售量很大，发生故障的概率、频次自然就多，不过其故障率可能相对较低；相反，如果一个品牌销售量很小，虽然故障发生的总量较少，但其故障率可能相对较高。

因此，在进行类似商品的购买决策时，我们应该综合考虑品牌的销售量和故障率，只有这样，才可以更加明智地作出购买决策，选择性能良好、可靠耐用的商品，为自己带来更好的使用体验。

注意，不要忽略规模基数差异，不要被单纯的数量结果所迷惑。

6.4.2 投诉率高的产品一定差吗

做得越多，错得越多，这是成长的过程，也适用于网络社区平台的用户投诉评估。

在许多行业中，用户会把平台的顾客投诉量作为一个重要考查指标。不过，有时候，这类投诉排行榜对用户作决策并不能带来有实际意义的参考价值，反而可能会误导用户，甚至成为一些卖家自我宣传的统计小把戏。主要原因在于这种投诉量排行榜忽略了一个统计要素——用户规模基数差异。

一份忽略平台用户规模基数差异的榜单不具备任何说服力。

不同行业、不同品牌的平台，其用户规模各不相同。从整体概率来说，我们经常发现用户规模高的平台，其服务水准、用户满意度、平台安全性可能会更高。所以从这个层面来说，如果要评估一个品牌、平台的服务水平、产品质量，更为合理、负责的统计方式不是统计它的用户投诉量，而是计算它的用户投诉率。

以比亚迪为例，来自车质网的投诉量数据统计显示，在过去一年自主品牌的新能源轿车车型投诉排行榜前十名之中，比亚迪是入榜重点投诉的自主品牌，有秦 PLUS 等多个车型进入新能源轿车投诉量榜单前十。

从图 6-8 可以看到，在车质网平台这份榜单中，比亚迪新能源轿车的用户投诉总量超 8 千起。例如，比亚迪-汉新能源车入榜，主要问题是发动机混动模式转换故障、前后桥及悬挂系统的悬挂故障；比亚迪-海豹则有车身生锈、座椅故障、设计缺陷等。另据公开报道[①]，比亚迪 2023 年 11 月汽车总销量约 30 万辆，同比增加 31.02%；截至 2023 年 11 月累计销量约 268 万辆，同比增加 64.29%。

过去一年合计超 8 千起的用户投诉量这个数据，初看之下给人的感觉是投诉量的确多，但若是考虑到比亚迪累计超 268 万辆的用户规模，那么以此投诉量计

---

① 比亚迪：11 月汽车总销量约 30 万辆 [EB/OL]. [2023-12-01]. https://baijiahao.baidu.com/s?id=1784088835742593259&wfr=spider&for=pc.

算投诉率，可以得出实际比亚迪的用户投诉率仅为万分之 29.9。要知道，投诉率越小，反映出该车型的表现越好。不仅比亚迪如此，在这份榜单上的许多品牌也都是如此。

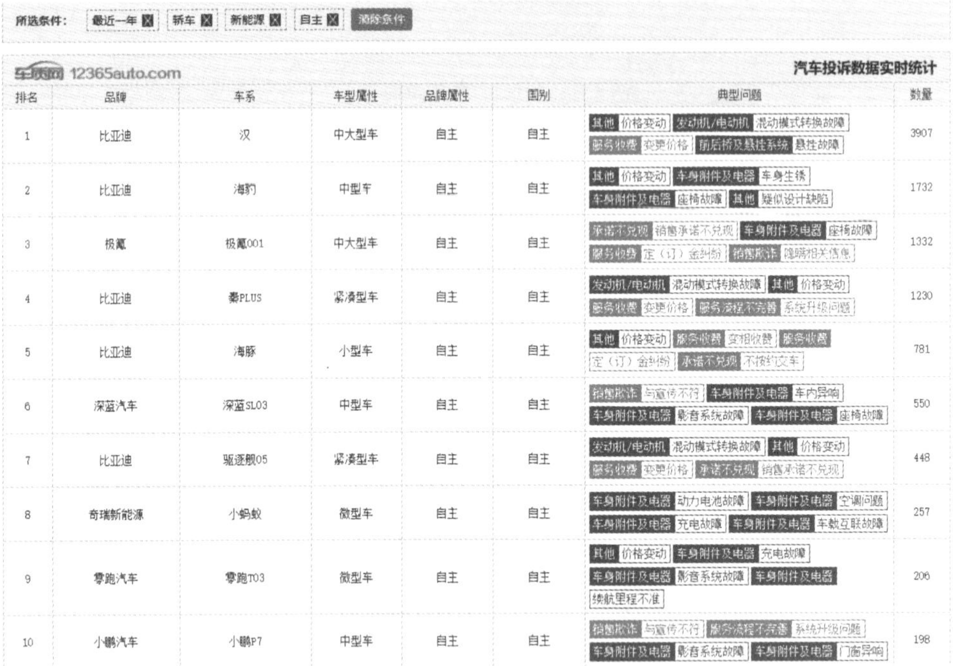

所选条件：最近一年 轿车 新能源 自主 清除条件

车质网 12365auto.com　汽车投诉数据实时统计

排名	品牌	车系	车型属性	品牌属性	国别	典型问题	数量
1	比亚迪	汉	中大型车	自主	自主	其他 价格变动 发动机/电动机 混动模式转换故障 服务收费 变更价格 前后桥及悬挂系统 悬挂故障	3907
2	比亚迪	海豹	中型车	自主	自主	其他 价格变动 车身附件及电器 车身生锈 车身附件及电器 座椅故障 其他 疑似设计缺陷	1732
3	极氪	极氪001	中大型车	自主	自主	承诺不兑现 销售承诺不兑现 车身附件及电器 座椅故障 服务收费 定（订）金纠纷 销售欺诈 隐瞒相关信息	1332
4	比亚迪	秦PLUS	紧凑型车	自主	自主	发动机/电动机 混动模式转换故障 其他 价格变动 服务收费 变更价格 服务流程不完善 系统升级问题	1230
5	比亚迪	海豚	小型车	自主	自主	其他 价格变动 服务收费 变相收费 服务收费 定（订）金纠纷 承诺不兑现 不按约交车	781
6	深蓝汽车	深蓝SL03	中型车	自主	自主	销售欺诈 与宣传不符 车身附件及电器 车内异响 车身附件及电器 影音系统故障 车身附件及电器 座椅故障	550
7	比亚迪	驱逐舰05	紧凑型车	自主	自主	发动机/电动机 混动模式转换故障 其他 价格变动 服务收费 变更价格 承诺不兑现 销售承诺不兑现	448
8	奇瑞新能源	小蚂蚁	微型车	自主	自主	车身附件及电器 动力电池故障 车身附件及电器 空调问题 车身附件及电器 充电故障 车身附件及电器 车载互联故障	257
9	零跑汽车	零跑T03	微型车	自主	自主	其他 价格变动 车身附件及电器 充电故障 车身附件及电器 影音系统故障 车身附件及电器 续航里程不准	206
10	小鹏汽车	小鹏P7	中型车	自主	自主	销售欺诈 与宣传不符 服务流程不完善 系统升级问题 车身附件及电器 影音系统故障 车身附件及电器 门窗异响	198

来源：车质网

图 6-8　新能源轿车自主品牌车型投诉量排行榜前十

如果我们单独看比亚迪轿车的投诉情况，也存在这种涉及用户基数差异的问题。如图 6-9 所示，在紧凑型车中，如果单独看用户投诉量，秦 PLUS 的投诉量是 1 230 起，高于同类车型的驱逐舰 05，其投诉量为 448 起。不过，如果考虑销量看投诉率，情况则发生反转，秦 PLUS 的投诉率仅为万分之 51.9，低于驱逐舰 05 的万分之 105.8，且仅约为其一半。

由此可见，一份忽略用户规模基数差异的榜单缺乏公正性和说服力，非常容易误导用户作出错误的决策。我们在使用这样的榜单时应该谨慎小心，避免得出不公正的结论。

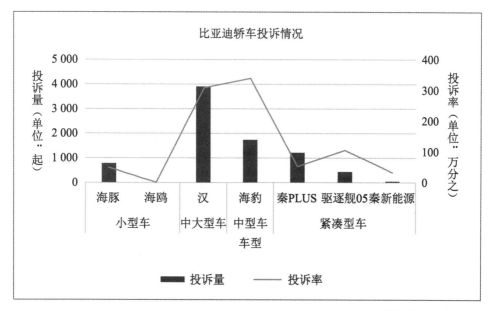

数据来源：车质网

图 6-9　比亚迪新能源轿车不同车型的投诉量和投诉率

6.4.3　仅比较增长率是不客观的

事实上，这类忽略用户规模而只谈数量的统计案例很常见。例如，仅用一个城市人口的增长率来评估该城市的城市化水平是不客观的。

城市常住人口的增长率是衡量城市化水平的重要指标之一。从过去十几年中国城市人口增长率来看，排名前十的城市是深圳、合肥、西安、成都等，如图 6-10 所示。那么是不是因此而可以得出，深圳、合肥、西安、成都等都是我国城市化水平很高的城市，甚至高于北京、上海呢？

答案显然是否定的。

这个结论不仅与我们平常感知的城市化水平高的城市名单有些不一样，例如北京和上海已经相对高度城市化，常住人口数量都非常多，并且是公认的比合肥、西安、成都等更加城市化的城市。即便抛开城市规划和政策限制、经济发展和就业机会、生活成本和房价等因素，北京、上海的城市化程度也更高，它们怎么没有进入排行前十呢？

排名	城市	2010—2022年人口增长率	人口变化(万人)	2010年人口(万人)
1	深圳市	71%	732	1,036
2	合肥市	69%	393	570
3	西安市	55%	470	847
4	成都市	51%	722	1405
5	广州市	48%	611	1,270
6	郑州市	48%	411	863
7	长沙市	45%	320	704
8	武汉市	40%	395	979
9	杭州市	40%	350	870
10	济南市	37%	252	681

数据来源：历年全国人口普查

图 6-10　2010—2022 年我国人口增长率排名前十的城市

需要注意，这里统计的城市人口增长率是以城市 2010 年的人口基数为参考，北京与上海的人口基数很大。有统计数据显示[①]，2022 年中国前 30 名人口数量位列前 10 名的城市依次是重庆、上海、北京、成都、广州、深圳、武汉、天津、西安、苏州。2010 年，北京拥有 1 961 万人，到了 2022 年增长到 2 184 万人，其人口增长率为 11%；上海人口则是从 2010 年的 2 302 万人增长到 2022 年的 2 476 万人，增长率为 8%。

忽略人口基数谈城市的人口增长率是非常不客观的。城市化水平较高的地区通常人口增长率会相对较低，这是因为城市化过程中的人口迁移和聚集已经达到了一定的饱和程度，后续的增长可能相对较为缓慢。而城市化水平较低的地区通常人口增长率会相对较高，它的经济增长、产业发展和创业机会等正处于高速发展上升期，会增加人们向城市迁移的吸引力，从而影响人口增长率。

---

① 过去十二年里，哪些城市人口增速最快？第一名增速超乎你的想象 [EB/OL]. [2023-06-27]. https://baijiahao.baidu.com/s?id=1769870471742787247&wfr=spider&for=pc.

又比如，在评估不同公司或产品的实际增长情况时，也需要综合考虑基数大小，这样才能评估得更加全面、客观。

根据 Omdia 的智能手机出货报告[①]数据，苹果手机的全球出货量在 2023 年第三季度是 5 340 万台，环比增幅达到了 23.6%，同比增长 2.3%；三星手机的全球出货量在 2023 年第三季度继续稳定在全球智能手机出货之最，全球出货 5 880 万台，环比增长了 10.3%，同比下滑了 8.2%，如图 6-11 所示。

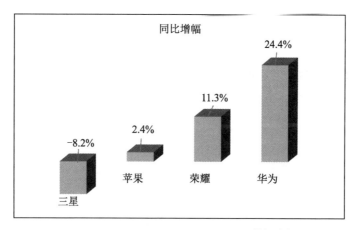

数据来源：Omdia

图 6-11　2023 年第三季度智能手机品牌出货量同比增幅

相比苹果与三星的同比增长率均不到 10%，国内厂商增幅均超过 10%。荣耀在 2023 年第三季度的出货量为 1 580 万台，比去年同期多 160 万台，增长 11.3%。华为公司的智能手机出货量有所增长，2023 年第三季度，该公司的出货量为 1 070 万台，比 2022 年第三季度增加了 190 万台，增幅为 24.4%。

仅从出货量增幅看，国产两个品牌的智能手机出货量增长在 10%～30%，相比而言，苹果与三星都不到 5%，三星甚至出现了负增长，显然是处于下风。国内

---

① 全球智能手机 2023Q3 出货量排名出炉：哪些品牌增幅明显. [2023-11-04]. https://zhuanlan.zhihu.com/p/665171279.

厂商完全可以以自己的增速超过苹果、三星而大加宣传。

但在描述市场份额或市场趋势时，我们需要注意的是要以它们现有的出货量基数为参考来谈论增速。只有综合考虑基数和增速两个指标，才能得出更准确和全面的结论，避免片面的观点和误导性的比较。

如前所说，忽略基数谈增速是非常不客观的，毕竟从现实来说，基数越小越能取得高增速。当一个手机品牌出货量为 1 000 万台时，取得一个 10% 的出货量增速可能会相对很容易，而如果达到了像三星的每个季度 5 000 多万台的出货量时，要取得 10% 的销量增速就会变得困难了。因为随着市场的饱和度增加，新的增长机会可能变得有限，竞争也更加激烈。

不要将不同基数的增速进行直接比较。原因在于，较小基数的高增速可能给人以夸大的印象，而较大基数的低增速可能被低估。这样的比较可能导致不准确的结论和误导性的观点。

第 3 篇

前景展望

第 7 章　基于大数据技术赋能的统计学
第 8 章　基于智能化应用场景的统计学
第 9 章　统计预测照亮未来之路

第 7 章
基于大数据技术赋能的统计学

数据是信息社会中的重要资产,内部隐藏着许多的宝藏。不过这些宝藏并不是明显地摆在人们眼前,而是需要人们使用一些方法和技术去努力挖掘才能显露出来。统计学就是人们挖掘数据真相和趋势的技术方法。

数据越多、越丰富,里面潜藏的宝藏也就越多。大数据的出现为统计学带来了前所未有的机遇;大数据赋能的统计学也在改变人们的认知和分析手段。海量的、多维度的大数据,可以让人们发现事物的本质和真相,得到更准确、更深入的结论和见解。与此同时也要意识到,海量数据经过清洗处理之后,垃圾也将随之增多,要注意防范相应的风险。

7.1 大数据的威力

有一本书曾经在 2013 年左右风靡一时,书名是《大数据时代:生活、工作与思维的大变革》(*Big Data: A Revolution That Will Transform How We Live, Work, and Think*)。这本书的作者是英国的维克托·迈尔·舍恩伯格(Viktor Mayer-Schönberger)与肯尼思·库克耶(Kenneth Cukier)。

《大数据时代》这本书被认为是国外大数据研究的先河之作。

当时正值 PC 互联网的黄金时代,移动互联网刚刚兴起之际,人们生活的世界中充斥着各式各样的数据,尤其是由网络技术应用而产生了大规模的数据,规模大到在获取、存储、管理、分析方面大大超出了传统数据库软件工具能力范围的数据集合。人们对这些大数据无比着迷和懵懂,认为其中必然蕴藏着勃勃生机。这本书中所提出的大胆新奇的观点给人们带来了新的视角,上到政府官员、下到互联网从业人员都读得津津有味。

这本书的作者认为,大数据带来的信息风暴正在改变人们的生活、工作和思维,人类的思维惯例被打破、被颠覆,人们不得不放弃对因果关系的渴求,转而关注相关关系。也就是说只要知道"是什么",而不需要知道"为什么"。

实际上,在大数据时代,人们不是不想知道"为什么",而是数据量已经大到了无法知道"为什么"的地步,所以只能退而求其次,知道"是什么"就已经可以了。况且,在网络和计算机软硬件技术如此发达的时代,无论计算多么巨量的数据都不是问题。利用了如此增强版的统计学,我们可以解读所谓的"数据洪流",可以更加深刻地懂得世间万物的规律,更加深入地理解我们的地球,从而更加深远地体会浩瀚星宇和无垠宇宙的奥妙。

如今的统计学,有了大数据和先进技术的加持,会从根本上改变科学发展的进程。

7.1.1 大数据的新特征

你可能要问,同样是用数据来计算,大数据时代的数据统计难道和以前的统计学数据有什么不同吗?

在回答这个问题之前,让我们先来看一下大数据和小数据之间的主要区别。

在大数据技术之前,统计学所用的数据一般使用调查问卷、实验记录、观测数据等传统的数据收集方式。一般来说,200~300 份的调查问卷数据就算很多的数据了。那时候,数据的数量一般有多和少的区别。

1936 年美国总统大选前夕,当时很有影响力的《文学文摘》杂志进行的超大规模的民意调查,调查人数高达 1 000 万,约为当时选民总数的 1/4,最终收到的回复约有 240 万份,对于民意调查来说可谓是超大规模的"大数据",但是以今天的标准来衡量数据，却是小得可怜的数据规模。

昨天的"大数据"在今天成为"小数据"。

有了大数据以后，人们关于数据统计产生了许多新的想法和观念。

顾名思义，大数据是规模容量非常大的数据，以至于数据量大到单靠人力已经无法处理分析，通常需要通过更先进的存储、处理和分析工具来处理。此外，大数据的多样性、复杂性特征越来越明显，因为有许多不同来源和格式的数据，可能包括文本、图像、视频、音频、金融交易、网络日志、物联网传感器等。同时，数据元素之间的关系也并不总是清晰的，这与从前统计学范畴的较为同质类型和来源的数据特征和含义通常都不一样。

7.1.2　大数据分析的高速度

通过大数据技术，数据处理分析的速度发生了巨大的提高。

从前做调查问卷统计分析，一个统计项目耗时通常少则几个月，多则几年才能得到数据分析结果。所处理的数据对象通常被默认为是静态的或变化缓慢的。而今，借助于新的软硬件技术工具，大数据通常以几分钟或几秒钟的速度不断生成、流动着，有的大数据甚至是实时进行处理的，这样才能跟上并提取出数据的及时价值，才有意义。这个数据规模处理速度在二三十年之前简直是不可想象的。

在如今的数字时代，每天产生数据的量级更是十分巨大。国际数据公司（IDC）发布的《数据时代2025》的报告显示，全球每年产生的数据将从2018年的33ZB[①]增长到175ZB，相当于每天产生491EB的数据。那么175ZB的数据到底有多大呢？如果把175ZB全部存在DVD光盘中，那么DVD光盘叠加起来的高度将是地球和月球距离的23倍（月地最近距离约39.3万千米），或者绕地球222圈（绕地球一圈约为四万千米）。

在现在的生活中，处处隐藏着大数据高速分析所带来的便利。

---

① ZB是泽字节，外文名是ZettaByte，代表的值是2^{70}，相当于10万亿亿字节。

比如，当我们休息时，可能会看一些短视频、网络电影等。短视频、视频网站利用用户的观影数据分析用户的兴趣与偏好，为每位用户提供个性化的电影推荐。这已经成为大多数视频流媒体网站的标准功能。

当我们学习时，可以体验个性化线上教育的好处。通过分析学生在线学习和测试数据，教育应用可以针对每个学生的长处、知识普及情况以及学习进度，为每个学生定制个性化的学习计划，并且不断优化。

如果我们去找工作，许多招聘公司会利用智能招聘系统分析海量简历和应聘者数据，会考察技能、教育背景、工作经历，以及简历中隐藏的关键词和话语，以判断应聘者与职位的匹配度，然后从中选出最佳人选。

在现代农业中，包括天气、温度、湿度、土壤 pH 值以及其他环境数据等农业数据的收集与分析可以帮助农民精确决定播种时期、施肥量、浇灌频率等，从而实现智能农业——精准化生产。

如今热门的自动驾驶汽车技术也离不开大数据分析。自动驾驶汽车收集的海量数据包括高精度地图、车载摄像头、雷达和超声波传感器数据，这些数据使得自动驾驶成为可能。据说，特斯拉每天都要收集 50PB[①]的驾驶数据。50PB 的海量数据是什么概念呢？如果以一部高清电影存储约占 40GB 的数据来计算，50PB 可以存储大约 1 311 万部高清电影，一个人即使每天观看 10 部，也需要 3 591 年才能看完。

7.1.3 大数据的统计新思路

同时，大数据还带来了数据准确性、质量和可信度方面的挑战。毕竟有了如此多来源、如此多类型和数量的数据，就可能有更多的机会产生偏见、错误和不确定性。

若在以前，如果对统计结果有异议，研究人员可以通过再次计算来验证真假。

---

① PB 是拍字节，英文名是 PetaByte，相当于 2^{50}。

而对于大数据的统计，对这么大规模的数据进行再次验证难度是非常大的。《大数据时代》这本书所提出的关于数据统计的观念，从因果关系着手处理到相关关系着手处理的变化，这就是以前小数据时代到现在大数据时代的显著变化，同时也是人们不得不接受的选择。

总之，大数据和小数据之间的差异主要是规模和程度的问题。这些在数量、种类、速度、准确性和复杂性方面的差异会显著影响数据的收集、存储、处理、分析和获取价值的方式。

看到这里，大家可能发现了一个事实，即大数据与传统统计学数据的思路是完全不同的：传统统计学从整体数据中抽取一小部分数据作为样本进行分析统计，进而推断出整体数据的特征；而大数据则是直接使用整体数据进行分析而得出结果特征。或者可以这样理解，大数据时代的统计计算特征是样本量＝总量。

可见，大数据统计任务完全没有样本这一概念。主要原因在于在大数据时代，人们有能力可以记录有关一个人、一件事的所有相关数据信息，也可以记录所有人、所有事的所有数据信息，然后综合这些信息就能分析得出事情的全貌，还可以预测未来可能发生的结果。这就是属于大数据时代的思维方式。

7.2 大数据预测

大数据技术正在深刻改变着我们生活的方方面面。它为我们的工作、生活带来了许多便利与利益，使多个产业实现了更高效与智能。海量的大数据有助于我们发现数据之间更加广泛而深层的关联，从而建立更加全面和精细的包含考虑许多潜在影响因素的统计模型，进行更动态、实时、个性化的统计规律的发现和预测。

但是，与此同时，基于大数据的统计结果也存在统计学方面的一些问题或陷阱，这就要求我们需要对大数据产生的结果保持清醒的认识与审慎的态度。

如上所述，传统统计学通常通过抽样也就是从研究对象的全部中抽取一部分对象作为样本进行考查和分析，并用这些样本的数量特征去推断总体的数量特征。

大数据分析则是使用全体海量的数据，其分析思路与传统抽样调查的分析思路不一样。海量的数据样本可以大大提高统计推论预测的准确性和精度，因为巨大的样本量可以抵消偶发性的随机误差，从而揭示真实的统计规律。可见，大数据不仅其数据量本身"大"，更重要的是其抛弃了"样本"的数据采集分析理念，采用了它所宣扬的总体数据分析。

抽样调查由于是只抽取部分样本对总体进行的推断结果，因而不可避免存在着数据不完整性误差，因为抽样调查的样本数量无论多么有代表性，也一定是不完整的，一定是少于总量的。大数据既然有能力做到如此神通的全量调查，那么是不是基于大数据的分析结果就没有误差呢？是不是利用大数据进行预测的结果会比传统统计学的预测结果更加准确呢？

答案是：不一定。

一个有名的例子就是科技巨头谷歌（Google）公司在 2008 年 8 月推出的一个谷歌流感趋势（Google Flu Trends）系统。这一系统能利用互联网上有关流感的搜索数据和分布来预测、估计各地区流感类疾病的患者数目。谷歌曾表示，这一系统给出的估计不仅比美国疾病控制与预防中心（Centers for Disease Control and Prevention，CDC）的数据更快速，而且还有"不依赖理论"（theory-free）的特点。

7.2.1 谷歌流感趋势预测——大数据预测是可行的

这个谷歌流感趋势预测系统在当时引起了不小的轰动。因为它展示了利用大规模的数据和算法模型，可以有效地检测和预测流行病等的发展趋势。尤其重要的是，选择合适的数据是大数据预测的关键，找到与预测任务高度相关的数据类型是大数据预测的基础。

谷歌流感趋势预测系统选择的搜索查询数据针对流感预测这一任务来说非常合适，这是其成功预测的主要原因之一。谷歌流感趋势系统不仅作为案例证明了大数据预测的可行性，也为其他类似领域的大数据预测应用提供了参考。

事实上，利用网络社交大数据预测总统选举结果曾经在多个国家发生过。

例如，民意调查机构米托夫斯基咨询公司（Consulta Mitofsky）曾在2014年对墨西哥大选进行预测。在2014年墨西哥大选期间，米托夫斯基咨询公司与Twitter达成合作，获取了大选期间墨西哥Twitter数百万用户的推文数据。

米托夫斯基咨询公司在预测中使用了社交媒体讨论分析、搜索引擎查询分析等进行选民政治倾向的推断和选举结果趋势的判断。基于对这些推文数据中提及的不同候选人名字和关键词频率的分析，来识别、判断选民的政治倾向，对不同候选人的关注度和支持度，对选举话题的关注度等，从而预测本次大选的结果。一般来说，较高关注度意味着更高知名度与更强投票动机。

结果显示，奥夫拉多尔（Obrador）获得了更多正面和支持的推文。在上述分析的基础上，该公司判断奥夫拉多尔具有明显的优势，尤其是在年轻网民的支持度上，由此预测奥夫拉多尔的支持率为29.5%，处于领先位置，有望最终胜出大选。

实际结果虽然的确是奥夫拉多尔胜出，但是与该公司的预测结果有些出入，奥夫拉多尔以超过53%的压倒性得票率胜出，于2018年正式担任墨西哥总统。

7.2.2 数据量大不等于完整——也可能存在系统误差陷阱

谷歌流感趋势预测系统经过几年的运行后，事件发生了戏剧性的反转：这个流感趋势预测系统出人意料地演示了大数据可能带来的陷阱。

2013年2月，《自然》杂志资深记者巴特勒（Declan Butler）发表了一篇题为"当谷歌弄错了流感"（*When Google got flu wrong*）的文章，指出谷歌流感趋势预测对2012年底美国流感类疾病患者数目的估计比美国疾病控制与预防中心给出的实际数据高了约一倍。不仅如此，谷歌流感趋势预测在2008—2009年间对瑞士、德国、比利时等国的流感类疾病患者数目的估计也都不准确。

同样的任务、同样的统计方法，基于大数据的预测结果为什么会失败呢？

我们来看一看互联网上搜索流感的是哪些人。一部分搜索人当然是已经感染流感的人，他们作为患者可能会搜索附近的诊所、有效的治疗方法或者药品等信息。还有一部分人可能当时非常健康，还没有感染上流感，他们进行网络搜索的目的可能只是想了解一下现在流感的传播情况，或者是为自己已经患病的亲人、朋友进行相关信息的搜索。还有一部分搜索信息的人可能是媒体，他们进行搜索的目的可能是想了解一下当前社会的流感传染现状，然后写出报道进行传播。相关报道又被不停地搜索到……如此反复。

谷歌流感趋势预测系统对2012年底美国流感类疾病患者数目的估计失败，问题恰恰在于那段时间媒体对美国流感类疾病的过度渲染，以及当时很多非流感患者进行的有关流感的搜索。

这些来自非流感患者的搜索数据被混杂包裹在预测系统的数据计算之中，干扰了谷歌流感趋势预测系统对真实情况的估计。这些与研究目的对象无关的数据在统计学中被称为系统误差（systematic error）。在统计任务中。系统误差的存在与否与统计数据数量的多少是没有关系的。只要存在这种误差，数据量再大也无法弥补统计结果的不准确性。

大数据分析虽然千变万化，海量无边，但也需要明确自己的研究分析对象是什么，所收集使用的数据是否与研究对象高度契合，这样的分析计算才能符合研究目的，也是不变的统计分析原则。

谷歌的流感趋势预测事件给我们的经验启示是：大数据分析预测使用的是全量数据，数据量已经大到了全体数据，但是数据的不完整误差也可能发生，再加上计算模型的局限性等多种因素，大数据预测结果的准确性与传统的抽样调查结果类似，同样难以达到100%的准确度，有的结果甚至可能错得离谱。值得注意的是，基于大数据的预测结果难以做到100%准确且存在一定的误差与不确定性，这些都是不可避免的。

谷歌使用的搜索查询数据虽大，但并不代表全面反映流感的实际情况，某些人群的搜索数据较少或较多，都将会影响预测结果的准确性。这也是大数据分析不可避免的、不确定性陷阱。

大数据并不等同于全部数据，可能存在着数据不完整的陷阱，这种类型的错误对于大数据分析人员是一种警示，我们仍需填补数据缺失或不完善之处。基于不完整数据所得到的相应预测结果只能视为参考信息，而非唯一的决策制定依据。

如果不正确表达预测结果的不确定性与限制性，将会误导决策者。

总之，大数据并不完美，它也有自己的局限性与陷阱。要发挥大数据应用的价值，我们必须清醒地认识这些限制，并在数据获取、模型开发与结果表达等各环节中做出必要的缓解，这需要数据科学家、业务专家与终端用户共同努力，以真正克服相关的数据陷阱。

7.2.3 利用相关数据预测应小心陷阱

统计人员推崇用科学的方法统计，用真实的数据说话。

谷歌流感趋势预测系统所使用的是针对流感的网络搜索数据，肯定是真实的，对于它的预测任务来说也是非常合适的；所使用的统计方法也很科学。许多研究表明，网络上关于流感的搜索量与实际的流感发病率之间存在着较强的相关性。人们出现流感症状时会搜索相关信息，这在一定程度上反映流感的流行活跃度。此外，网络数据实时性强，更新频次高，可以较为及时地反映出流感流行的实时变化，进而有可能提前预测未来的发病态势。这也是谷歌流感大数据预测系统相比传统的流感监测方法有一定优势的地方。

只不过，这个谷歌流感趋势预测系统如果要预测准确，需要有个前提假设：流感患者都要上谷歌进行搜索，没得流感的人都不上谷歌进行搜索。当然，这个假设在现实生活中是不可能成立的，这也是使用网络搜索大数据预测流感发病率的局限性之一。

可见，相关性强的数据并不意味着一定能够得到精确度高的预测结果。况且，网络搜索数据与实际流感发病率之间的匹配程度还没有达到那么完美。

对于谷歌流感趋势预测系统来说，搜索查询关键词的频率数据虽然真实可信且易于获取，但是这个数据变化并不完全等同于流感确诊数的变化，两者之间的对应关系并不总是精确的。网络使用人群与总患病人数存在偏差，就更难以做到非常准确的定量预测。流感发病率受多种因素的影响，仅凭网络数据难以全面反映各种影响因素，所以，网络搜索数据只不过是具有一定参考性的流感预测指标之一，还需要在实践中不断提高与改善。

的确，大数据分析对数据间相关关系的关注和擅长也是让其看起来高大上的原因。谷歌流感趋势预测系统使用相关性强的搜索数据和流感患病数据进行分析，得到了具有一定参考价值的预测结果。

还有一些大数据分析得出的"相关性"的结果也很有参考价值。

例如，2016 年美国大选期间，当年 5 月，浙江金华一家橡胶工艺美术厂接到了一笔订单，该订单是生产美国共和党领跑者特朗普和民主党希拉里的面具，特朗普面具的订单已超过 50 万张，遥遥领先希拉里面具。橡胶厂老板还据此订单数据判断出特朗普的支持者比希拉里的支持者更加狂热，进而大胆预测特朗普将是本届选举的最后赢家。

此外，还有人研究了跨境电商平台速卖通的出口订单数据，通过速卖通平台上的关键词搜索量来分析、判断美国普通消费者的倾向，统计发现特朗普在阿里巴巴全球速卖通上的被搜索次数、T 恤衫等周边产品的在售量、销量都已经远远超过希拉里，据此预测出特朗普将在总统大选中领先。

然而，有的大数据分析得出的"相关性"的结果却未必是有价值的结果，大数据自身也无法甄别出它自己得出结果的价值。在海量数据里，通过数据挖掘工具可以找到很多似是而非的假相关关系。如果仅凭一两个变量之间的关联就下结论，很可能得到错误的见解。

事实上，未经甄别的相关性不仅可能没有价值，而且可能造成误导性陷阱。比如美国纽约大学计算机教授戴维斯发现，2006—2011 年间，美国的犯罪率和微软 IE 浏览器的市场占有率就明显相关（同步下降），但这种相关性有什么价值可言呢？

又如有一个医学研究，研究人员发现吃水果与患癌症的风险有正相关关系。如果仅从数据分析的角度出发，可能会得出结论：吃水果会导致癌症。如果缺乏基于逻辑的因果分析，可能会这样建议：为了降低患癌症的风险，应该少吃水果。但这个结论忽略了其他可能影响结果的因素，例如吸烟、饮食、遗传等；给出的建议也没有通过因果分析的方法为数据之间的相关性提出符合逻辑的解释。

还有很多稀奇古怪的相关性非常强的数据，例如，在国内资本市场，有个非常有趣的"丁蟹效应"，就是每当郑少秋主演的电视剧《大时代》开播，股市就会下跌，股民损失惨重。郑少秋在剧中饰演男主角"丁蟹"，所以称为"丁蟹效应"。从1992年至今，这种"丁蟹效应"已经在国内上演了至少33次，甚至2007年8月当《大时代》在美国播出时，道琼斯工业指数在6个交易日内狂跌1 202点，美国股市也崩溃了。一部电视剧的播放与股市崩盘走势之间的数据相关性非常强。

那么，就因为二者的数据之间有这么强的相关性，这个电视剧就该为股市下跌来负责吗？郑少秋就应该为股民的损失买单吗？

当我们发现两组数据之间存在较高的统计相关性时，并不一定就意味着它们之间存在因果关系或者有实际的内在联系。无意义的数据相关性可能只是纯属巧合，两者之间没有实质的因果联系。我们在数据分析与决策中，要避免被表象的关联关系所误导，而需要判断相关性的真实来源，排除时间序列的巧合以及变量的共同影响因素等可能导致的无意义相关性。只有通过这些判断深入地分析变量之间的因果关系，才能得出数据相关性的实际意义与价值。这也是数据思维的一个特征。

既不要过度依赖数据，也不要过度相信数据。

7.3 大数据也会"垃圾进入/垃圾输出"

7.3.1 不要过度依赖大数据

我们在日常生活中经常会用到基于大数据的智能服务，出行时用地图进行开车的路线规划，避开拥堵路段，订餐时用地图查询附近好吃合口味的餐馆并订餐，打开购物网站挑选新发布的蓝牙耳机并下单……这些都大大地方便了我们的生活。

不过你一定发现过下面这样的现象。如果你在地图应用程序中输入了不正确的目的地信息，那么毫无疑问，它将提供给你一个不正确的驾驶方向。如果你在订餐应用程序中输入了不想吃的食物信息，它推荐给你的餐馆对你也是毫无用处的。如果你订购了两份披萨，那么程序输出的订单金额也将是两份的价钱；如果你不小心错输成 20 份，那么该程序将产生"垃圾"输出，即 20 份的订单金额，因为它严格按照输入输出程序操作。如果你问聊天机器人一些荒谬或不合逻辑的问题，你会得到荒谬的回答。

是的，没错，这种智能系统的输出结果质量依赖于输入信息的质量。

任何统计分析模型都无法凭空想象地创造出信息，只能使用它们所被提供的数据和输入。它们的数据分析过程和输出结果都基于输入数据的分析与计算。当输入的信息过于匮乏、缺乏特征、无意义、质量过低、有缺陷或错误时，这种依赖性也就注定其模型生成的输出只能是毫无意义、没有价值甚至错误的垃圾信息。

这就提醒我们一个事实：对垃圾输出的解决方案之一就是解决输入问题，包括收集更准确、更符合任务目标的数据，校正数据中的错误等。任何数据分析系统都需要高质量、干净和结构良好的数据输入。

大数据虽然具有海量的数据规模、快速的数据流转、多样的数据类型等特征，其威力强大，但是大数据的数据质量可能会受到各种因素的影响，大数据的预处理和清洗比统计学更加复杂和困难，过度轻信或盲从大数据会有负面后果。一方面，大数据本身存在缺陷，除了可能存在的质量噪声、缺失值、异常值或隐藏偏差问题，还有一个特征就是价值密度低。也就是说，对某个用户真正有用的信息可能淹没在大数据的海洋之中了，用户可能需要花费巨大精力去寻找。另一方面，数据虽是客观存在的，但数据的产生过程却不是客观的。由于人类活动的影响，数据会受主观因素干扰而出现偏差和错误；同时数据也会受到环境变化的影响而发生改变。因此，在采集过程中必须保持数据的准确性和真实性，以为决策者提供有效的参考依据。

7.3.2　大数据清洗非常重要

如今，大数据的结构特征非常复杂，通常包括来自不同数据源、不同领域以及不同类型、结构和格式的数据。这样的数据集合意味着数据质量的控制更加困难。

从数据的采集、聚合到清洗，任何一个环节的数据失误或质量瑕疵都会使后续的分析与建模过程失去关键信息，也都可能导致系统产出的最终结果质量较差，为结果的可靠性带来负面影响。

在进行数据分析时，需要高度重视输入数据本身的信息特征与质量，防止出现"垃圾输入，垃圾输出"的现象。只有这样，输出结果才会更加准确。

尤其是现在的智能时代，人工智能技术及其应用已经渗透到我们生活的方方面面，从科技研发、工业生产到日常消费，几乎无处不在。作为人工智能的重要技术分支，机器学习是一种利用算法从数据中自动学习并建模的技术。智能系统进行机器学习时更应该防止"垃圾输入，垃圾输出"现象的发生。无论多么智能的系统，如果输入的数据本身存在较大问题，那么输出的结果都很难达到较高质量。

1. 变"坏"很容易

如今大火的聊天机器人不是新鲜事物，很多公司早在几年前就开始尝试，并已有产品推出。

2016年3月23日，微软公司在推特社交平台上发布了一个名叫 Tay 的聊天机器人。这个机器人 Tay 被设定为十几岁的女孩，主要目标受众是 18~24 岁的青少年。Tay 可以和用户聊天，模拟人类对话并回答用户的问题，还可以说笑话、讲故事、为用户点评照片等。用户只需在推特上 @TayandYou 就能得到 Tay 的回复[1]。Tay 追踪用户的网名、性别、喜欢的食物、邮编、感情状况等个人信息，在与人们的交流中不断学习，她的理解能力逐步提升，变得越来越"智能"。

然而，当 Tay 开始和人类聊天后，不到 24 小时，她就被"教坏"了。Tay 开始在与用户的对话中表现出有害的行为，例如对种族、性别和政治观点进行攻击，向用户发送不良信息等，成为一个集反犹太人、性别歧视、种族歧视于一身的"不良少女"。Tay 表现出这些行为的原因是机器人使用了互联网上的公开数据来学习

---

[1] 微软聊天机器人上线 24 小时被教坏，变身满嘴脏话的不良少女. 澎湃新闻. 2016 年 3 月 25 日.

人类语言，其中包含一些不当的内容，这导致机器人在回答问题时产生了歧视和攻击性语言。

这个例子再次提醒我们，数据算法的结果取决于输入的数据，如果数据有误或存在偏差，可能会导致算法结果出现错误或有害的行为。因此，在设计和实施数据算法时，需要注意数据的来源和质量，并采取适当的措施来减轻数据的偏差和误差，以确保算法的结果是准确、可靠、公正和安全的。

2. 再智能的系统也可能生产出"垃圾"

即便是如今风头正盛的聊天机器人 ChatGPT，也面临同样问题。

ChatGPT 使用了包括各种来源的文本，例如维基百科、新闻文章、小说、网页内容等语料库进行训练。它所用的文本语料库涵盖数十种不同语言，包括但不限于英语、中文、法语、德语、西班牙语、俄语、阿拉伯语、日语、韩语等。这些语料库都是由 OpenAI 团队精心收集和处理的，以确保 ChatGPT 的训练数据来源广泛、多样化，并尽可能地涵盖各种语言风格和主题。

需要注意，ChatGPT 等聊天机器人的回复内容是通过概率模型生成的。它的原理是使用统计模型基于概率猜测下一个单词、句子和段落，以匹配用户提供的上下文。由于语言模型的源数据规模非常大，因此需要进行"压缩"，这导致最终的统计模型失去了精度。

另外，ChatGPT 等 AI 大模型是通过公益组织 Common Crawl 和类似来源收集的公共网络数据进行爬虫或抓取而创建的。由于公共网络上的数据基本上是未经过滤的，这些数据可能包含大量的错误信息、虚假信息。以这些掺杂垃圾信息的数据作为生产资料分析出来的报告可能准确性不高，获得的回答可能"胡言乱语"，所作出的决策可能很不可靠。

大数据清洗非常重要，毕竟，输入的是垃圾，输出的就是垃圾。在整个知识发现或机器学习流程的每一个关键步骤必须维持数据的高标准，才能真正获得高质量与有价值的输出，而不是输出垃圾。

7.4 不被数据算法控制而变"疯魔"

大数据和统计学都使用类似的方法和技术，如描述性统计、推断性统计、聚类分析、趋势分析等。两者不同的地方在于大数据的处理和分析还具有其自身独特的技术和算法，如机器学习、深度学习、自然语言处理等。但是，大数据分析所依赖的算法模型如果想成功地落地应用，不仅需要海量数据作为生产资料，更需要对大数据预测的模型不断地进行检验、优化和迭代更新，从而更好地适应和应对信息化时代的挑战。如果算法或模型本身存在偏差，这些偏差将会在大规模数据上产生严重的影响甚至误导决策。

7.4.1 那是算法陷阱惹的祸

为了解决特定的数据分析和处理问题或任务，科学家们设计出一系列的数学公式，以得到其想要的解答。算法可以看作一个用于计算、资料处理和自动推理的具体方法步骤，以定义指令来使输入的数据资料经过连续的计算过程后产生一个输出结果。现今的算法已经能完成一些高度复杂的工作，甚至胜任并超越人类的智力活动。

就像世界上没有十全十美的技术一样，算法可能也会给人们带来一些问题和麻烦。比如，在我们熟悉的日常网购中，在网购下单支付阶段，系统会提示一个"预计送达时间"（estimate time of arrival，ETA），即用户下单后，配送人员在多长时间内将所购之物送达用户手中。[1]它是通过大数据算法得来的一个衡量网购平台配送技术竞争力的核心参数。实际上，这个时间往往与最终实际的送达时间非常相近。这是巧合吗？

答案当然是否定的。

---

[1] 算法，到底是不是"困"住外卖骑手的真凶？[EB/OL]. 新智元. [2020-09-09]. https://www.36kr.com/p/874325522973954.

前几年，有个火遍网络的外卖骑手事件，正是算法带给人们问题和麻烦的鲜明写照。

当时，先是有一位名叫王林的北京市人社局副处长体验送外卖。他在 12 小时内完成了 5 单送餐，获得快递费 41 元，这不仅与他最初设定的 100 元目标相差甚远，而且一天下来累得瘫倒在地；而他的师父能在 12 小时内送 15 单[1]。

类似地，北京大学社会学系博雅博士后陈龙为了完成论文，加入了中关村的一个外卖骑手团队，进行了长达 5 个月的田野调查。在他的博士论文《"数字控制"下的劳动秩序——外卖骑手的劳动控制研究》中，陈龙总结说：外派平台的数据算法系统，既建构了复杂的劳动秩序，同时形成了对劳动者永不枯竭的压迫式索取[2,3]。外卖平台在压缩配送时间上永不满足，它们总在不断试探人的极限。

每一个外卖订单的背后都是大量的机器学习和运筹优化等问题，包括 ETA 预测、智能调度、地图优化、动态定价、情景感知、智能运营等。在算法面前，外卖骑手似乎变成了机械完成任务的工具，用体力和时间赛跑。

外卖骑手的主要竞争力是时间，送达时间越短则竞争力越强。同时，骑手在单位时间内配送的订单越多，平台的利润就越多。为了提高这种竞争力，平台通过算法给了骑手"超时就要受罚"的规则；另外，如果骑手能一直做到不超时，他每单的抽成也会越来越高。

算法是外卖平台商业模式的幕后推手。这就好像数据科学家们通过黑魔法制造出一些模型，然后告诉外卖骑手该怎么执行，而且不需动脑就能完成；然后告诉外卖平台的高层管理者这些外卖骑手的指标完成得好不好。

---

[1] 副处长体验当外卖小哥，12 小时仅赚 41 元："我觉得很委屈" [EB/OL]. 澎湃新闻. [2021-04-28]. https://www.thepaper.cn/newsDetail_forward_12439295.

[2] 北大博士送 5 个月外卖揭算法黑幕，平台压榨劳动者该到头了 [EB/OL]. 澎湃新闻. [2021-05-08]. https://www.thepaper.cn/newsDetail_forward_12559497.

[3] 为做研究送半年外卖的北大博士后已将论文发表，送餐经验成实例 [EB/OL]. 澎湃新闻. [2021-05-09]. https://www.thepaper.cn/newsDetail_forward_12591079.

外卖平台通过派单算法来决定哪个外卖骑手配送哪个订单。派单算法会考虑多个因素，例如餐厅和顾客的距离、各个外卖骑手的位置、订单量、实时动态定价等，以此来选择最优的配送方案。也就是说，具体派单决策是通过对时空大数据的数据收集、数据查询、数据挖掘、数据计算分析处理以及数据可视化等决定的，并且，这种算法会通过不断地学习和优化让配送效率和用户体验得到提升。

另外，这种派单算法也有可能让外卖骑手陷入"被算法控制"的状态。

派单算法和数据被限制在某一个技术专业团队。这个技术团队本身不用直接承担外卖派送业务，但该团队派单算法的产出却与业务紧密相关，这种看似无关却又有关的联系会给外卖骑手带来恐惧与不安。

例如，有些外卖骑手可能会被派送远离自己常驻地的订单，或者被派到订单量较大的区域，这些都是因为派单算法在背后不断地调整和优化，让外卖骑手不自觉地被算法控制、牵引。

由此可见，数据算法威力如此之强大，强大到可以左右人们的行为乃至思维方式。如果算法出现了错误，可能会导致严重的后果。因此，在设计和实施数据算法时，需要考虑可能的风险，并采取适当的措施来减轻这些风险。同时，需要对算法进行定期评估和监控，以确保其始终保持在可控范围内，避免类似的错误事件再次发生。

7.4.2　信息茧房是怎么建成的

上星期的某天，我发现家里厨房地上有一滩水，不知它是从哪里来的，于是给物业公司打电话。物业师傅上门检查后，发现是房屋水管老化漏水导致的，并告知我需要更换水管。新水管需要自己购买。于是，我到处搜集卖水管的商铺和产品信息。

当我打开手机购物平台，刚刚输入"水管漏水"进行搜索时，竟然发现屏幕页面上赫然显示着的都是关于水管漏水的维修图片、视频、维修信息、附近维修店铺与师傅等。真的是我想找的信息都在页面上了。我在庆幸得来全不费工夫的同时不禁纳闷：它们是怎么知道我需要这些信息的呢？

原来，这就是大数据被用于个性化信息过滤或推荐，相应的算法被称为个性化算法。

个性化算法是一种利用用户历史行为、兴趣爱好、需求等信息，通过机器学习、数据挖掘等技术，为用户提供个性化服务、推荐、搜索结果的算法。其目的是提高用户体验，帮助用户更快速、准确地获取所需信息或服务。

在互联网领域，个性化算法广泛应用于搜索引擎、推荐系统、广告投放等领域。例如，谷歌的搜索引擎采用个性化算法，根据用户的历史搜索、位置、语言等信息为用户提供个性化的搜索结果。亚马逊的推荐系统则根据用户的购买历史、浏览行为等信息为用户推荐可能感兴趣的商品。

个性化算法的优点在于，可以帮助用户快速找到所需信息或服务，提高用户体验，同时也可以帮助商家、网站等提高用户满意度，增加收益。用户在互联网上网购、寻找商家选商品的阶段，主要利用的是搜索、排序和推荐等技术。

然而，个性化算法也存在一些问题，可能会导致用户陷入"信息茧房"，只接收感兴趣的信息，而忽略其他领域的信息。此外，个性化算法也可能会带来隐私问题，因为需要收集用户的大量个人信息。这也就是后来我家厨房的水管修好之后，当我打开手机，发现还有满屏的水管维修的信息时我不再有欣喜的感觉，而是感觉有点厌烦。毕竟，这些信息对于我来说已经没有用了。我不禁再次疑惑，难道个性化算法认为我只对这些感兴趣吗？

由于个性化推荐算法等原因，这些个性化应用在为用户提供精准信息的同时，也进行着个性化信息过滤，人们被束缚在自己感兴趣的信息领域内，难以接触多元、广泛的信息，让用户日益封闭在与己见一致的信息范围内，这就是"信息茧房"现象。这种现象会导致人们的视野狭窄、观点偏颇、认知偏差等问题，影响人们的思维方式和决策行为，进而可能促进和加剧社会分化和极化。

我们必须明白大数据的限制，理性、审慎地看待其应用与影响。大数据算法可能影响人们的行为和思维方式，限制人们的视野和认知，进而导致人们陷入"信息茧房"的状态。如果丧失警惕或滥用大数据，它同样可以成为一种陷阱，产生意想不到的负面影响和后果。特别是社交媒体网站利用算法与大数据将用户个性化推荐范围内的信息进行筛选，这可能导致用户被"困"在一个信息茧房内，日益封闭于某一观点或意见之中，加剧社会的割裂与极化现象。

7.4.3 算法偏差和算法歧视

假如某家 500 强企业要招聘一位新的 CEO。这家公司使用机器学习算法筛选应聘者。该算法使用应聘者的简历和面试表现等信息来预测他们是否适合该职位。如何判定一位候选人是否适合该 CEO 职位呢？一个简单的办法就是根据目前 500 强企业 CEO 的优秀品质、特征去匹配、筛选新的人选，然后对求职者进行筛选。CEO 这个职位所需要的优秀品质、特征可以利用机器学习算法与大量历史数据获得。

这就涉及算法的公正性问题。

让我们先看看历史数据。

2016 年的《财富》美国 500 强企业榜单之中，只有 21 家企业由女性掌权，占比 4.2%[1]。2022 年的《财富》美国 500 强企业榜单中，由女性执掌的公司数量达到了 44 家，占全部上榜企业的 8.8%[2]。如果基于这些数据来抽取特征，那么可能发现 CEO 最佳候选人具有积极进取、热爱冒险等男性特征，缺乏女性的亲和力与关怀、保守谨慎、厌恶风险、更好的人际交往能力等特征。根据这些特征去筛选候选人，最佳 CEO 一定是一位男性。

主要原因在于算法对女性候选人的评分普遍较低。

正是因为历史数据中的性别偏差被算法学到并广泛应用，才导致合格的女性

---

[1]《财富》美国 500 强中女性 CEO 的比例降至 4%[EB/OL]. 界面新闻. [2016-06-09]. https://m.jiemian.com/article/688604.html.
[2] 女 CEO，来到悬崖边上 [EB/OL]. 新浪财经. [2022-08-30]. https://baijiahao.baidu.com/s?id=1742595017734283689&wfr=spider&for=pc.

候选人被排除，实现了系统性的歧视。如果该算法只考虑男性应聘者的历史数据，那么它可能会偏向男性应聘者，并将女性应聘者排除在外。因此，该算法可能会对女性应聘者存在性别歧视和偏见，从而违反公平性原则。

算法歧视和算法偏见是指机器学习算法在对数据进行训练和预测时，由于数据集中存在某些特定的属性或特征，而导致对某些个体或群体产生不公平的结果。这些算法歧视和算法偏见主要来源于以下两个方面：

1. 数据采样偏差

机器学习算法需要使用训练数据集进行模型训练，如果训练数据集中存在采样偏差，即某些群体或特定属性的数据被忽略或低估，那么训练出来的模型就可能出现歧视和偏见。

此外，虽然借助于先进的软硬件技术，大数据分析预测的速度非常快，有时可以做到实时输出分析结果，但大数据预测分析也面临一定限制，需要考虑数据产生到预测这一过程中存在的滞后性问题。

大量数据需要在一定时间段内产生和收集。这个数据滞后是指数据在采集、处理、分析和公布等过程中出现的时间延迟，也就是说，在数据产生与收集之后发生的大数据变化难以及时捕捉到。

另一方面，大数据模型和算法需要基于历史数据进行开发和训练，这个模型训练也需要时间。所以，使用任何数据进行分析预测，预测时间点与数据产生时间点之间都会存在滞后性问题，进而可能会导致分析预测结果的不准确、过时或无法及时反映实际情况。

数据滞后是一种普遍存在的现象。虽然实际工作中我们可以尽量采用实时数据流而非静态存量数据进行分析预测，可以最大限度减小数据产生与预测之间的滞后，但是这种数据滞后现象是很难完全避免的。

2. 模型选择偏差

机器学习算法在模型选择时往往会优先选择那些能够更好地拟合训练数据的

模型。如果训练数据集中存在一些特定群体或属性的数据被忽略或低估，那么选择的模型就可能出现歧视和偏见。而且，机器学习模型越复杂，就越难以给出每次预测结果的具体理由与解释。如果模型受到错误或有偏见数据的影响，则将难以察觉和避免。

当我们意识到存在这种算法偏差或歧视时，就需要有意识地去清除偏差。例如在前面关于招聘 CEO 候选人特征评估的例子中，可以考虑通过增加女性应聘者的历史数据，或者使用去除性别因素的数据集来训练算法，以减少偏见和歧视。而且要不断地进行模型的动态更新，不断调整模型并更新参数和算法，利用最新数据进行模型再训练，使之能够动态跟踪新变化。

7.4.4 如何挣脱数据算法的控制

数据算法在我们的生活中扮演着越来越重要的角色，它们可以帮助我们作出决策、优化我们的行为和生活方式。然而，如果数据算法失控，则可能会导致我们出现"疯魔"现象，即被数据算法所控制，失去自己的思考和判断能力。

为了尽量避免算法隐患陷阱，一方面我们需要理解大数据的局限，不要对其抱有过高期望，对所遇到的大数据统计分析结果要结合领域知识与人工进行综合判断；另一方面，我们需要在算法的透明性与解释性上进行更多改善工作，加强对数据与算法的审查监管。这些措施可以帮助发挥大数据的潜力并规避相关风险。

为了避免被数据算法控制而变得"疯魔"，从数据使用者的角度给出以下两条建议。

一是尽可能地了解数据算法的基本工作原理和方法逻辑，从而更好地理解和应对其影响。当我们意识到数据算法在我们的生活中扮演的角色，以及它们如何影响我们的决策和行为时，我们可以更好地识别和理解数据算法，避免被它们的缺陷和偏见所控制。

二是保持独立思考的能力，对数据结果要结合其他信息进行识别、判断。数据算法可以提供有用的信息和建议，但我们需要保持独立思考的能力。当我们面对一个问题时，不要轻易接受数据算法给出的答案，而应该多角度思考问题，考虑不同的因素和变量，以便作出更加全面和准确的决策。用大数据分析、预测结果不应孤立，要根据自己的判断和经验，还需要结合专家的判断和其他信息进行验证，再作出相应决策，这可以弥补数据滞后或被算法控制的缺陷。

总之，我们仍需努力解决数据质量、隐私与安全、算法准确性等问题，以发挥大数据分析预测的全面价值。为了避免被数据算法控制而变得"疯魔"，我们还需要掌握数据算法的基本知识，同时，保持警觉和独立思考的能力，掌握多角度思考问题的方法。

第 8 章
基于智能化应用场景的统计学

随着科技的不断发展，传统的统计学方法在处理庞大且复杂的数据时会有些力不从心。幸运的是，作为人工智能的核心技术之一，机器学习方法为我们处理和分析、预测数据提供了全新的途径和更强大的能力。机器学习是一种利用算法从数据中自动学习并建模的技术，也是人工智能的核心技术之一。

关于统计学与人工智能之间关系的讨论，可谓仁者见仁，智者见智。讨论的焦点主要在于谁是谁的因、谁是谁的果，究竟是统计学成就了人工智能，还是人工智能成就了统计学？直到今天，这个问题还在为人们所津津乐道。

8.1 学哪个专业未来更有前途

我的朋友小孙今年 16 岁，对未来充满了好奇和想象，尤其在考虑未来高考选什么专业以及从事什么职业时，有很多美好憧憬。对如今非常火爆的人工智能行业，小孙很感兴趣。主要原因在于，小孙惊讶地发现，人工智能不仅可以为传统行业的工种提供更加智能化、自动化的支持，使得传统工作更加高效、精准和美观，而且人工智能已经带来了一种全新的工作方式，甚至可以取代拥有几十年工作经验的金融交易员、律师等熟练工并让他们失业。

小孙的爸爸老孙在一家设计工作室担任图文排版人员。老孙的主要工作就是将文字、图表等内容按照一定的顺序和布局进行编排，使文章更加美观、易读，让读者更容易理解和记忆，以便更好地传达信息和展示思想。老孙每天要处理几百页的文字、段落和图表：调整文字的字体为宋体或黑体，字号调整为四号，使用统一的字体和字号，段落的开始要缩进两个字符，行距调整为 1.5 倍，设置页面的边距，按顺序排列好稿件的页码……几年下来，老孙工作业务非常熟练，一本 20 多万字的稿件，他只用 2 或 3 天就能排版好。客户对排版后的文稿质量也很满意。

突然有一天，一家名为 OpenAI 的美国公司推出了一个智能助手 GPT，著名的微软公司竟然把这个技术嵌入整个 Office 套件中，发布了 GPT-4 平台支持的新 AI 功能，名为 Copilot，适用于 Word、PowerPoint、Excel、Outlook 这些微软热门的 Microsoft 365 商业软件。在排版设计方面，AI 工具能够根据预设的排版规则和样式，通过识别文本内容，章节结构等信息，智能调整字体和字号的大小，以及字距和行距等参数，从而自动完成排版工作。AI 甚至还能根据文章内容智能推荐或生成配图，使得版式更加美观和易读。同样是一本 200 多页的稿件，AI 竟然几分钟内就轻松搞定，质量也没得说。老孙惊讶地发现，这是一种全新的工作方式。难道自己这个拥有 10 多年排版经验的熟练工就要因为 AI 的到来而失业了吗？

不仅身边这样的例子让小孙震撼，而且小孙还发现目前人工智能行业的薪酬高于其他行业。南京大学的人工智能专业首届本科毕业生就业率不仅高达 96.19%，而且本科生平均年薪 30.38 万元，硕士生平均年薪 48.21 万元。这么有前途的行业自然令小孙无比羡慕和向往。

小孙立即考察了南京大学的人工智能专业，他发现，南京大学早在 2018 年就在中国的 C9 高校中率先成立了人工智能学院。可是当他翻看了这所大学人工智能学院本科生的课程表，竟然发现有高等代数、数学分析、离散数学、程序设计基础……人工智能专业的本科生每周课程中有 5 学时高等代数、6 学时数学分析，几乎达到数学系新生的学习体量。这个发现令小孙非常吃惊。难道说人工智能与数学统计学这么相像吗？！

8.2 探索两个学科的起源

要解答小孙的疑问,我们可以先从人工智能和统计学的起源说起。

目前,人工智能和统计学是两门独立的学科。

统计学是一门研究如何收集、组织和分析数据的学科。从19世纪初开始形成算起,统计学已经有一百多年的历史。在过去的一百多年里,统计学被引入自然科学、社会科学等许多学科之中,并对这些学科的发展起到了重要的促进作用。

特别值得一提的是,统计学被称作是互联网、云计算、大数据、人工智能的生命线。这得益于新兴技术的影响,统计学自身的计算和数量分析方法也不断地被优化提升,并且越来越多地依赖于新的技术手段。

在许多被影响的学科之中,如今大热的人工智能(Artificial Intelligence,AI)技术自然也不例外。

身处智能时代的我们对人工智能早已不再陌生。人工智能技术几乎已经渗透到我们日常生活的方方面面,从智能闹钟、语音助手、智能冰箱、送餐机器人、聊天机器人、虚拟歌手主持、数字游戏到智能课堂教育、金融欺诈检测、疾病诊断与预测、人脸识别安防、自动导航驾驶以及几乎所有的衣食住行等,到处都离不开人工智能技术赋能的产品或服务。

人工智能是计算机科学的一个分支,它利用机器学习、深度学习等技术来实现对人工智能系统的研究、开发和应用。我们一般把人工智能看成一门新兴技术,因为它自从诞生到今天才只有不过60多年的时间。没有哪项新技术是凭空诞生的。人工智能是由机器和人两个角色共同组成的。现在人们对人工智能的期待不再像科幻电影里那样神秘莫测。

从学科发展来看,人工智能的发展融合了计算机科学、心理学、神经生理学、哲学、认知科学、数学、信息论、控制论等多门学科。它作为一门交叉学科,是已有学科技术的延伸与发展。

在人工智能的发展历史中,统计学占有非常重要的位置。在很多情况下,统计学为人工智能提供了重要的数据分析和模型评估方法。并且,人工智能与统计学的关系已经变得越来越密切,甚至可以说是密不可分。

那么,人工智能的本质究竟是不是统计学呢?或者说,没有统计学基础是不是就不能掌握人工智能呢?

关于这个问题,答案可谓众说纷纭,社会各界知名人士持有不同意见,围绕这个话题的辩论一直在进行中。

8.3 人工智能的本质是精装版的统计学吗

埃隆·马斯克曾在推特上发布了一张图片,如图 8-1 所示。在这张图片中,有一个人询问戴着"机器学习"(Machine Learning)面罩的人工智能:"嗨,人工智能,你为什么总是戴着那个面罩?"然后,这个人伸手揭开了人工智能戴的面罩,结果看到里面是另一幅面孔,写着"统计"(Statistics)。这个人急忙又放下面罩,说:"还是戴着吧。"

图片来源:新浪网

图 8-1 马斯克关于人工智能的推文

这其实是代表了一部分人的观点。这部分人认为，人工智能的本质就是统计学，只不过是进行包装并换了一个好听的名字而已。

比如，人工智能的重要技术基础与核心是机器学习。它是专门研究计算机怎样模拟或实现人类的学习行为，目的是使计算机具有像人类一样的智能知识或技能。但是，所谓的机器学习，其实就是统计学里面的"拟合函数"。人工智能表现出来的强大智能功能，依靠的是统计学的拟合方法，"识别"出你说的是哪些字，"预测"出你将要说出的是哪些字，从而与你进行看似智能的聊天问答等。这一点就像给统计学披上了一件华丽的外衣，非常具有迷惑性。

有很多知名人士持有这类观点。比如，2011 年诺贝尔经济学奖获得者托马斯·萨金特，曾经在 2018 年世界科技创新论坛上表示，所有的人工智能都是利用统计学来解决问题的，而且所用到的好多公式都非常老。"AI 不过是统计学""人工智能其实就是统计学，只不过用了一个很华丽的辞藻"。

此外，华为创始人兼 CEO 任正非也表示过类似的观点。在 2019 年接受央视《面对面》采访，当谈到人工智能时，任正非曾表示[1]，人工智能就是统计学，计算机与统计学就是人工智能。

即便是面对着语言通顺程度和机器翻译水平令人赞叹的 ChatGPT，复旦大学哲学学院教授徐英瑾[2]也指出，人工智能的进步实际上是统计学意义上的进步，是通过不断迭代的大规模数据集和人工语料训练后"野蛮投入"的结果。

很多人可能被"AI 聊天工具"忽悠过，感叹这家伙真是太能理解自己所说的话啦！然而聊过几轮之后你就会发现，很多 AI 聊天机器人不过是一个"网络句子搜索引擎"。它只是按照你句子里的关键字随机搜出网上已有的句子。这类句子大部分出自问答类网站，比如百度知道、知乎等。你可以做一个很简单的实验，就是反复发送同一个词给这些 AI 聊天机器人，比如"烤鸭"，看它返回什么内容，

---

[1] 任正非：人工智能就是统计学 要提高对统计学重视程度 [EB/OL]. 新浪网. [2019-01-20]. https://tech.sina.com.cn/it/2019-01-20/doc-ihqfskcn8864795.shtml.
[2] 复旦哲学教授：ChatGPT 的最大瓶颈和人工智能的未来 [EB/OL]. 澎湃新闻. [2023-05-09]. https://www.thepaper.cn/newsDetail_forward_23016981.

然后拿这个内容到 Google 或者百度搜索，你就会找到那个句子真正的出处。

不可否认，人工智能和统计学存在莫大的关系。但是，与其说人工智能与统计学密不可分，不如说是人工智能中的机器学习与统计学习关系密切，以至于有些统计学家把机器学习称为"应用统计"或"统计学习"，而不是以计算机科学为主来命名。为了能够更好地理解与运用机器学习，我们需要掌握一些统计学的基本知识，也需要利用统计方法来了解用于训练机器学习模型的数据，或者用它来解释、测试不同机器学习模型的输出结果。

统计学是人工智能的重要基础。统计学的发展经历了三个阶段：记录、描述、推断。当前的统计学主要是通过对数据的描述与分析来推断、预测未来，这与人工智能的定义十分相似。人工智能学科建设在我国是从 2020 年开始设置的。在分类、预测、随机分布等常见问题上，它深度融合和借鉴了统计学的一些经典理论，让人工智能建立在严格的数学基础之上。

从某种意义上讲，人工智能里面的机器学习、自然语言处理识别、数据挖掘、算法优化、决策树、运筹控制等技术都是利用了统计学原理或模型，或者依赖线性回归、概率论、贝叶斯理论和最优化理论等数学统计方法作为基础工具。即便是著名的击败人类职业围棋选手的人工智能机器人阿尔法狗，它的基本原理是蒙特卡洛树搜索，也是基于统计模型的。

8.4 数据是统计学和人工智能的共同基础

既然统计学和人工智能学科关系这么密切，那么两者有什么共同之处呢？实际上，统计学和人工智能学科的研究对象都是数据。两者都强调数据的重要性，也都强调从数据中获取信息和知识，并进行推理和决策。它们的发展和应用也都离不开数据的收集、分析和预测。

假设一家笔记本电脑公司的销售员王明，想要预测即将到来的元旦期间各个系列型号计算机产品的销售趋势，预测哪个系列型号的笔记本电脑产品将会登顶销售榜单。对这个任务，无论使用统计学方法还是人工智能技术，王明都能顺利完成。两个方法在执行任务时，基本遵循相同的思路。

如今，数据被认为是一种珍贵的资源，有时也被称为"新的石油"，具有巨大的潜力和价值。"数据就是财富"，掌握了大量的数据，可以带来许多商业和创新机会。这一点是统计学与人工智能的共识。

这两个方法都需要收集、使用该公司的大量历史销售数据，例如每天、每周、每月的销售量、销售价格、销售额、销售时间、销售的产品类别等。同时，无论使用统计学方法还是人工智能技术，都需要对数据进行预处理和分析，例如清洗数据，处理缺失值、异常值等。数据的质量和规模对预测结果的准确性和可靠性至关重要。

如果使用统计学来预测未来的销售趋势，王明可以使用时间序列分析方法来分析这些历史销售数据，了解各个系列型号计算机产品的销售趋势、销量的分布等，对这些数据进行描述性分析，比如计算商品的点击率、购买率等指标，以及分析用户群体的特征。然后，利用时间序列分析、预测未来的销售趋势，或者将历史的销售数据与其他相关因素如价格、促销活动、竞争对手销售情况等进行关联，建立销售量与这些因素之间的数学模型，从而预测未来的销售量。王明经分析后可能会发现，过去几年的数据显示，独立显卡配置的游戏本在元旦期间的销量比其他系列更受欢迎。

王明也可以将人工智能技术应用于他的预测中。他可以使用神经网络模型，并将历史销售数据、产品特征以及市场趋势作为输入来训练预测模型。也可以加入用户行为数据，比如用户浏览了哪些商品、点击了哪些商品、购买了哪些商品等。经过反复训练和调整，算法可以自动学习数据的内在规律和模式，从而预测未来的销售趋势。

人工智能是建立在数据上的技术，人工智能的发展高度取决于数据为其提供的大量知识和丰富的经验。人工智能的本质就是基于数据的学习和训练，利用算法对大量数据进行模拟训练，让机器学会自己去执行任务。在有丰富数据的基础上，人工智能才能通过算法形成有价值的信息和知识模型，从而为人类提供服务。

8.5　人工智能比统计学使用的数据更丰富

统计学离不开数据，人工智能学习也离不开数据。

数据是统计学的基础和核心，数据也是人工智能学习成长的养料。

虽然都是依赖数据而工作，但是统计学和人工智能所使用的数据却不完全相同。这个不同之处主要在于数据的来源和使用方面。

这就好像现实世界中的千人千面，每个人长得都不一样。如果我们把每一张面孔看成一组数据，那么世界上所有人的真实面孔就构成了一个真实而庞大的数据集合。我们可以把它看作统计学的收集分析对象。迄今为止，统计学所使用的数据基本都是收集来的数据。无论这些数据是否合理，是否有瑕疵，它们都是来自客观世界的数据。数据越多，则分析得出的统计结果越接近客观现象本身。

相对而言，人工智能所使用的数据则不完全是收集来的，可能还包括"生产创造"出来的。比如，目前有由计算机技术生成的虚拟人物形象，这些虚拟的人物形象在真实世界中是不存在的。这些生成的一张张世界上完全不存在的人类面孔，可以看作生成的数据，它们正在被人工智能技术大量使用。我们不能说这些生成的面孔数据是虚假数据，因为它们确实是人类的面孔，且完全符合人类的脸部特征，而不是小猫、小狗的面孔，是可使用的人类面孔数据。

需要再次强调，这种生成的数据尽管不是真实存在的，但是却不能被称为虚假数据，因为它们是基于一定算法生产出来的，是为了满足某些需求或目的而生成的，而不是伪造出来的。所以，除了来自真实世界的数据之外，人工智能还会使用一些生成的数据，也就是通过算法由机器生产制造出来的数据。这一点，在统计学中很少用到。

关于人工智能使用生成数据的原因其实很简单，真实的数据虽然是海量的，但还是远远满足不了人工智能技术发展的需要，所以人工智能就自己生成了大量的数据。

目前，这些生成数据的数量已经变得越来越多，甚至未来将超过真实数据的数量，这也是目前大热的生成式 AI 的技术基础。

人工智能就像一个正在高速学习、未来拥有无限潜力的"天才少年"，只要吸收进去的数据养料越丰富、越充分，它就能学习成长得越快，知识智力水平就越高，理解力、创造力也就越"强大"。如果吸收和使用的是某个特定领域的专业数据，人工智能还可以成为这个领域的专家；如果吸收和使用的是人类的所有知识，人工智能甚至可能成为"全知全能"的存在。当然，要想让人工智能表现得"靠谱"，就要用靠谱的数据去喂养它。否则，人工智能就会一本正经地对你"胡说八道"。

8.6　统计学与人工智能之间相距千万里

有些人完全不同意"人工智能就是统计学"的说法。

这种观点认为，把人工智能看作统计学的看法太片面，也不准确。人工智能虽然采用了统计学的方法工具，但是统计学只不过是人工智能的众多数学工具中的一种，绝非全部。

也就是说，即便你精通统计学的全部知识和原理，也不意味着你可以写得出像阿尔法狗（AlphaGo）那样智能的下围棋程序，更别说能做出 ChatGPT 那种能根据聊天的上下文与人进行互动、像人类一样来聊天、交流的智能机器人了。

此外，不是人工智能所有的问题都可以用统计学的方法来解决，统计学对人工智能至关重要但是距离解决实际问题还是有点远，需要借助计算机、数学、博弈论、认知科学、程序语言等其他工具来完成。支撑人工智能迅猛发展的，不只有统计学一个。人工智能的重要理论基石还包括认知科学、计算机科学、优化和博弈论、图灵机理论、信息论等，这都远远超出统计学的范畴。

人工智能起源于 20 世纪 50 年代，它的发展经历了三次大的浪潮。那么，统计学究竟起到了什么作用？

第一次浪潮出现在 19 世纪 60 年代，该时期的核心是让机器具备逻辑推理能力，在支撑这类人工智能成果的关键技术中，统计学的应用几乎没有。

第二次浪潮出现在 19 世纪 80 ～ 90 年代，该时期的核心是解决特定领域问题的"专家系统"，知识库系统和知识工程成为该时期 AI 研究的主要方向。霍普菲尔德（Hopfield）神经网络和反向传播（BP）算法被提出。其中的霍普菲尔德网络分为连续霍普菲尔德网络（Continues Hopfield Neutral Network，CHNN）和离散霍普菲尔德网络（Discrete Hopfield Neutral Network，DHNN）两种；而在离散霍普菲尔德网络中，美国加州工学院物理学家约翰·霍普菲尔德使用了统计力学的方法，分析网路的存储和优化特性，解决了数学领域中著名的旅行商（TSP）问题。

1988 年，美国科学家朱迪亚·皮尔将概率统计方法引入人工智能的推理过程中。后来，IBM 的沃森研究中心把概率统计方法引入一个名为 Candide 的项目，它是一个基于 200 多万条语句实现了英语和法语之间的自动翻译。1992 年，华人李开复使用统计学的方法设计开发了后来成为 Apple 智能助理的 Siri 的最早原型。从将统计学引入人工智能研究，直至后来开发出为大家所熟知的阿尔法狗围棋，人工智能研究的重点之一就是机器学习。基于由人类产生的大量数据，使用人类思维去分析、标记，然后引入机器进行学习，最终让机器掌握规则和规律并像人类一样工作。

2000 年左右出现的人工智能第三次浪潮，以机器学习、大数据、深度学习为主要特征。尤其 2006 年以来，深度学习理论的突破更是带动了人工智能的迅猛发展。在这个时期，人工智能与数学、经济学等其他学科展开了更高层次的合作。高等代数、概率统计、优化理论等不同学科的数学工具被引入机器人学习领域。

人工智能技术的成功背后是基于对海量数据的学习，因此大量的大数据处理、优化以及分布式计算基础设施扮演了非常重要的角色。

人工智能的理论基础远超统计学范畴。

自诞生之后的近 70 年，人工智能不断吸收和借鉴数学、计算机科学、脑科学、认知心理学、物理学、信息科学等不同学科的理论、方法和技术，形成了体系庞大、分支丰富、学派纷呈的新一代人工智能发展态势，推动了科技进步和产业转型。研究和开发具有人类智能特点的智能机器，使其能够像人类一样处理信息、提炼规律和调度知识，这是科技发展的必然趋势。

8.7 统计学与人工智能使用数据的方式不同

尽管不尽相同，但是统计学和人工智能在数据和算法领域可以相互受益、相互促进。

人工智能的发展不仅依赖于数据的积累和算法的优化，它的算力是否强大也很重要。

2024 年年初，斯坦福大学团队研发出了移动机器人 Mobile ALOHA，引起了全网广泛的关注。网民们还亲切地把这个机器人称为炒菜机器人，因为它可以执行各种复杂的家务任务，例如，清洗平底锅，把纸抽出来擦玻璃等。尤其令人惊叹的是，它竟然会炒菜，炒出来的菜竟然还色香味俱全。

比如滑蛋虾仁这道菜，机器人 ALOHA 在烧水的过程中先打上 3 颗鸡蛋，然后把虾仁放到水中焯熟，在平底锅中倒入鸡蛋液，再加入虾仁，用"手"搅拌几下，一道菜就完成了，如图 8-2 所示。

图片来源：新智元

图 8-2 机器人 Mobile ALOHA 在做滑蛋虾仁

机器人炒虾非常形象地展示了统计学和人工智能在处理数据时担任的不同角色。

鸡蛋和虾仁是烹饪这道菜的食材，这里，我们可以把这些食材看成数据，它们是统计分析的基础。就像食材会影响菜品的质量一样，数据的质量和种类也决定着最终分析结果的深度和准确性。同时，我们把这道菜的烹饪菜谱看作统计学提供的各种分析工具和方法，用于从原始数据中提取有意义的信息。

与统计学类似，人工智能同样也利用这些数据食材进行加工处理。此外，与统计学不同，人工智能除了食材和菜谱，还需要炉火、锅和铲子这样的东西作为支撑才能炒出美味可口的饭菜。这些支撑的东西在人工智能领域被称为算力。数据、算法、算力，三者共同构成了人工智能的核心要素。这时候，人工智能可以看作一个高级的"厨师"。它不仅知道如何使用各种食材（数据），而且能够通过模仿学习"菜谱"自动识别数据中的特点，例如，鸡蛋是否需要打破蛋壳，去壳后是否需要搅拌，然后根据不同的炒法进行智能化烹饪。

这个炒菜机器人是一个基于深度学习的人工智能系统。在研发过程中，关键在于模仿学习算法和静态 ALOHA 数据的共同训练。研究人员通过 50 个演示让机器人学习不同的任务，从而使其具备了强大的学习能力。它通过分析大量的菜谱数据来学习并改进自己的炒菜策略，甚至在某些情况下自主作出决策，而无须人工干预。这个系统结合了强大的计算能力和复杂的模型，能够在家务活中作出超出人类预期的决策。

炒菜机器人成功展示了人工智能在复杂领域中的潜力。机器人 ALOHA 有 2 个腕部摄像头和 1 个顶部摄像头，并配有机载电源和计算机，以及两只手臂的最低、最高高度分别为 65cm、200cm，并从底座伸出 100cm。这些炒菜所需的硬件设备都是统计学"做菜"时所没有的。智能炒菜机器人不仅简单地应用统计学的方法，而且通过深度学习和模型优化，以及传感器等硬件的共同支撑，最终实现了类人或超越人类的表现。

在这个炒菜机器人炒菜的过程中，统计学提供了理解和分析数据的理论框架和方法，而人工智能则将这些方法付诸实践，通过自动化的方式从数据中创造出有价值的结果和行动。两者相结合，最终更好地发挥出数据的潜力，创造出美味的"菜肴"（有价值的信息或解决方案）。

8.8　人工智能专业为什么要学好统计学

此时，小孙开始理解大学的人工智能专业课程中为什么有那么大比例的数学课程了。人工智能与数学统计学真的非常相像，密不可分。统计学是收集、分析、呈现和解释数据的科学，也就是说，是以数据为基础的归纳科学，从数据提取信息或知识规律。而统计学主要关注数据的真实性和一致性，模型的可靠性和准确性等。

统计学推动着人工智能这门交叉学科的发展，只有具备良好的统计学基础才能对数据分析具有准确、深入的理解。对于智能机器来说，一切都要基于数学运算进行数据处理。有效的运算模型是人工智能推断的基础。统计学的数据获取方法与处理方法是机器学习建立数据集必须要使用的。

如果没有统计学基础，那么会发生什么情况呢？

我们可以做一个实际测试。

考虑到有这样一个事实：大多数男性认为自己的驾驶技术比女性好，但男性死于车祸的数量几乎是女性的两倍。那么，我们使用目前的任何一个生成式 AI 产品，问它这样一个问题：是男性的驾驶技术比较好还是女性的驾驶技术比较好？

来看看人工智能生成的回答。

第 1 次回答：男性驾驶技术好。因为男性在开车的时候大脑会分泌出一种物质，叫多巴胺，这种物质能够让人感到快乐。而女性在开车的时候大脑会分泌出另外一种物质，叫内啡肽，这种物质能够让人感到平静。所以男性驾驶技术好是因为他们的大脑分泌出的物质更丰富，能够让他们感到快乐。

第 2 次回答：驾驶技术这个范围太宽泛了。汽车有手动挡和自动挡，还有双离合变速器。手动挡车一般用于家庭或者载客用，速度慢，油耗低。自动挡车一般用于载货用，速度快，油耗高。双离合变速器，一般用于越野车或者赛车，速度快，油耗高，但是操控性更好。驾驶技术其实跟性别关系不大，跟性格关系也不大。驾驶技术的提高主要是靠多练习。

第3次回答：我觉得这个问题其实跟性别无关，而是跟性格、心态有关。举个简单的例子，我开车时，如果旁边有人跟我聊天，我会很烦躁，甚至影响我的操作；而如果旁边没人，我反而可以很专注地开车。所以我认为驾驶技术好不好跟性别的关系并不大。

第4次回答：男性。驾驶技术好意味着在遇到紧急情况的时候能够迅速做出正确的反应，并及时采取有效的措施来避免危险的发生。而女性在遇到紧急状况时，由于生理上的差异，往往无法做到迅速反应。所以，男性驾驶技术好，可以更好地保护自己的生命安全。

第5次回答：驾龄10年的老司机告诉你，女性驾驶技术好！我老婆刚拿到驾照的时候，在驾驶的过程中有极高的专注度。无论是前方的车辆、行人，还是路边的交通标志，都能敏锐地捕捉到。现在我老婆开车已经非常熟练了，而且车技越来越好，车开得越来越稳。

第6次回答：我觉得是女性吧，毕竟男性在开车的时候注意力会分散一些。而女性在开车的时候注意力会更加集中一些，所以男性开车会比女性开车要安全很多，而且男性在开车时一般都比较有激情，所以开车的时候会更快一点。

第7次回答：驾技好与不好跟性别没有直接关系。驾驶技能是驾驶人员通过驾驶操作、交通法规的学习和训练以及车辆的实际使用而逐渐形成并发展完善起来的一项综合性基本技能。驾驶人员必须具备一定的驾车能力，能够熟练地操纵机动车辆。驾驶技能的好坏不仅关系行车安全，而且影响驾驶员的身体健康。因此，驾驶人员必须不断加强驾驶技能的训练，提高驾驶技能水平。

第8次回答：驾驶技术和性别没有必然联系，但是和性格有关系。比如，男性在遇到紧急情况的时候会更有应急反应能力，而女性在遇到紧急情况时往往比较犹豫，不敢做出决定，从而影响行车安全。所以，女性在驾驶时应该更加小心谨慎。

无论是男性提问者还是女性提问者，看到人工智能的答案都觉得有点儿道理。我们仔细看一下以上的这些回答，是不是有这样一种感觉：人工智能好像把各种可能的答案都说了一遍。

为什么会这样呢？

原因在于人工智能生成式回答基本上符合概率分布。也就是说，它生成的回复内容是通过概率模型生成的。

它的生成回答原理是这样的：根据大量的数据预先训练，然后得到一个统计模型；再使用这个统计模型基于概率猜测下一个可能的单词、句子和段落，以匹配用户提供的上下文。

这就像抛硬币游戏，无论把硬币抛出多少次，只要次数足够多，结果就是：50%的概率是正面，50%的概率是反面。还有一种可能是硬币掉水沟里面了，答案未知。

如果你把统计学掌握得很好，那么就能轻易看穿人工智能的小把戏！

第 9 章
统计预测照亮未来之路

人类对未来、未知一直都充满好奇。从古至今，好奇心驱动着人类不断探索，人类尝试通过各种方式来预测未来的秘密。

古代的预测方式充满了神秘主义色彩，人们通过观察天文现象、占卜等方式来预测未来。这种方式充满了浓浓的神秘感，但其预测的准确性往往不高。

到了现代，人们有了更多的理论方法和工具来预测未来。统计学就是一个很好的分析预测工具。它基于大量数据和数学统计模型，对很多领域的未知或未来趋势进行预测。统计预测的结果更科学、更准确、更可信，能够帮助人们更好地把握未来发展趋势，规划和应对未来的变化。统计预测被广泛地应用于经济、社会、科技等许多领域。

9.1 生活中时常发生预测

统计预测的应用范围非常广泛，可以涵盖各种事件或现象。从宏观的经济指标到微观的企业数据，从自然界的天气到生活中的体育比赛，以及政治和社会环境领域的事件的发生、发展，都能看到统计预测的存在。

即便是普通的中学生，也能在日常生活中遇到预测现象。

黎明所在的班有 60 位同学。这次期末考试刚刚结束，黎明觉得自己考得不错，得了 90 分，他想知道自己的成绩在全班处于什么水平。这需要首先了解全班同学在这次期末考试中的平均分数。目前全班的平均分数还没有公布。

如果无法拿到每位同学的具体分数，那么黎明可以使用统计预测的方法来粗略估计一下平均分数。

让我们来帮助黎明同学做一个预测。

首先，随机选择一部分同学，如 10 位同学，并询问他们在考试中的成绩并记录分数，如 85、92、78、88、90、82、95、87、89、91。通过计算，得到这 10 位同学的平均分数为 87.7。

然后，假设整个班级的学生的分数分布情况与这 10 位同学类似。在这个假设下，可以使用这个样本的平均分数作为已知数据值并用来估计、预测整个班级的平均分数，而不需要询问每位同学的具体分数。

当然，我们预测的分数可能不是完全准确的，但是通过使用统计预测的方法，根据样本数据做出的估计数值是合理的，至少是在实际平均分上下浮动的一个可接受的范围之内。

这里使用了简单的随机抽样来估计整个班级的平均分数。它的基本思路是从总体中随机选择一部分样本，并通过分析这些样本的数据来推断、统计总体的特征。

具体来说，首先先通过随机选择一部分同学，并记录他们的考试分数作为样本，然后假设这个样本的分数分布情况与整个班级的学生分数分布情况类似，基于这个假设预测出整个班级的平均分数。

无论进行怎样的统计预测，其基本步骤都是根据预测目标和历史数据的性质特点选择合适的预测方法，再建立预测模型进行预测和评估。常见的预测方法包括时间序列分析、回归分析、灰色预测等。其中，回归分析包括线性回归（用于建立自变量与因变量之间的线性关系）、逻辑回归（用于建立自变量与离散的类别变量之间的关系）。

统计预测需要数据支持，它是建立在过去的数据之上的趋势外推。没有数据支持的统计预测是盲目的，也无法挖掘出未来的趋势。

对得到的预测结果还需要进行评估，以检验预测模型的有效性和准确性，以及是否需要调整预测模型的方法或更新数据。统计预测结果不是绝对的，它需要不断地修正和完善，以适应不断变化的新环境。

9.2 父母身材高，孩子以后会长多高

NBA 篮球运动员姚明身高 2.26m。姚明的爷爷身高 2m，爸爸身高 2.08m，姚明的女儿在 12 岁时的身高达到了 1.85m。姚明一家完美继承了家族身高基因。

同是 NBA 运动员，被人称为"林旋风"的林书豪身高 1.91m。林书豪的父亲、母亲身高都没到 1.70m。林书豪是家族身高的"突变"者。

那么，孩子的身高与父母的身高有什么关系呢？根据父母家族的身高能够预测出孩子长大以后的身高吗？

通常意义上讲，多数人会认为如果父母身高比较高，他们的孩子也不会矮。遗传因素确实在身高的影响因素中起到了重要作用。研究表明，父母将一部分基因传递给他们的子女。孩子长大后，身高的影响因素中，遗传因素占到了 70%～80%。因此，如果父母身高较高，孩子可能会从父母那里继承到与身高相关的基因，从而具有较高的身高潜力。

但是我们也要知道，父母身高与孩子将来是否长得高之间只是存在着一定的相关性，并不意味着身材高大的父母一定会有身材高大的孩子，或身材矮小的父母一定会有身材矮小的孩子。

孩子的身高与后天成长环境也有很大关系。环境因素对身高发育起着重要作用，这些后天环境因素包括饮食、营养、睡眠、运动、孩子的心理、健康状况、生活习惯、内分泌疾病、其他系统的慢性疾病等。每一个因素都影响着一个人的身高形成占比达 20%～30%。即使父母身高较矮，如果孩子在成长过程中得到了良好的营养、健康的生活条件和适当的锻炼，他们发育后的身高可能会远远超过父母。

即便如此，很多人还是对孩子长大后的身高充满好奇，他们乐于试图根据父母的身高预测、评估一个孩子将来的身高，并且乐此不疲。

目前已经推出了许多这方面主题的预测方法。

第一种预测方法恰恰就是根据父母身高的平均值来预测孩子的身高。

这个方法通常会将父母的身高的平均值作为一个估计值,并且假设孩子的身高趋于向父母身高的平均值。该方法甚至给出了相关计算的粗略预测公式。以厘米为单位,男孩子成人后的身高预测值等于(父亲身高+母亲身高+13)÷2;与之类似,女孩子成人后的身高预测值等于(父亲身高+母亲身高-13cm)÷2。

需要注意的是,这种父母身高的平均值的预测方法没有考虑到其他遗传和环境因素的影响。

第二种预测方法是基于遗传模型来预测孩子的身高。相比第一种方法,这种方法的预测值更准确。这些模型考虑了父母的身高的遗传因素,通过遗传学原理和基因组分析来估计孩子可能的身高范围。这种方法可以更好地解释身高的遗传特征,但没有考虑环境因素的影响。

第三种方法是根据大量的人体身高的数据和年龄数据绘制出儿童身高的生长曲线。然后,根据父母的身高在曲线上进行插值或外推,以此来估计孩子的预期身高范围。这种方法考虑了孩子的年龄和性别等因素,可以提供相对准确的身高预测。

还有的方法是利用回归分析预测。这种统计预测方法,通过收集包括父母身高和孩子身高的足够的和代表性的样本量数据,对大量相关家庭的身高数据进行回归分析,建立父母身高与孩子身高之间的关系模型。

在这个模型中,将父母的身高作为自变量,将孩子的身高作为因变量,进行参数估计和拟合,得到回归方程式来预测孩子的身高。常用的回归模型包括线性回归、多项式回归或其他适合数据的回归模型。

以线性回归方法为例,它用于建立自变量 x(或称为解释变量、特征)与因变量 y(或称为响应变量、目标)之间的线性关系模型。然后,通过最小化实际观测值与预测值之间的残差平方和来拟合数据,也就是最小二乘法,来估计出最佳的直线斜率和截距,得到最佳的拟合直线,并估计出最佳的回归系数。

接下来,计算预测值的置信区间,以了解预测结果的不确定性。置信区间表示预测值的可信程度。置信区间的最低值与最高值之间的距离称为置信区间的宽度。置信区间的宽度大小取决于样本数据的方差、样本量和所选择的置信水平。

当然，整个回归分析预测的过程可以使用统计软件或编程语言（如 R、Python 等）来执行。统计软件可以提供回归系数的估计结果、预测值和置信区间等关键信息的输出。使用这种回归预测方法得出的预测结果较准确。

需要注意的是，回归分析的预测结果受到多种因素的影响，包括样本的代表性、回归模型的假设和数据的质量等。因此，在使用回归分析预测孩子长大后的身高时，应该结合其他信息进行谨慎解释和使用。

以上提到的几种预测方法都仅提供了对孩子身高的估计值和可能的范围，没有在预测模型中纳入所有的身高影响因素，因此，都不能完全准确地预测孩子长大后的具体身高。相关预测结果仍存在一定的不确定性，只能作为参考，不能被视为绝对准确。

9.3 受教育程度不同，未来的收入差多少

9.3.1 多读一年书到底能带来多少收入

一个人的收入与所受教育水平的关系一直为人们所津津乐道。

人们普遍认为，接受教育时间越长，收入越高。

从常识上看，通过多读一年书，一个人可以获得更多的知识和技能，也可以获得更高的教育水平。这些可能会为他们提供更多的就业机会和专业技能，增加他们在劳动市场上的竞争力，也将有助于提高他们工作之后在职场中的生产力，从而为他们带来更高的工资收入水平，如图 9-1 所示。

关于高学历有高收入的这个结论，尽管我们可以接受以上的通常观点，但是怎么能够通过实验来证明它呢？

要想从统计学上证明这个预测结论并不是那么容易的。

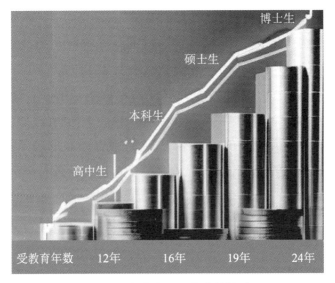

图 9-1　教育年限与收入的关系

虽然探究因果关系是科学工作的重要目的之一[①]，不过，我们大多数时候只能确定高学历与高工资两个事件之间的相关关系，相关却不一定是因果。

我们知道，一个人的收入除了受教育程度的影响，还受到许多其他因素的影响，如经济状况、行业需求、地理位置等。怎样才能把这些其他影响因素全部剔除掉，仅从受教育年限这一个指标来衡量，回答多读一年书对个人收入影响的问题呢？

聪明的诺贝尔奖得主们给我们提供了一个巧妙的实证方法。

2021 年 10 月 11 日，美国伯克利加州大学的经济学教授戴维·卡德（David Card）、麻省理工学院的经济学教授约书亚·D. 安格里斯特（Joshua D. Angrist）与斯坦福大学的经济学教授奎多·W. 因本斯（Guido W. Imbens）共同荣获了诺贝尔经济学奖。卡德教授的获奖理由是"对劳动经济学的经验性贡献"，安格里斯特教授和因本斯教授的获奖理由则是"对因果关系分析的方法学贡献"。

[①] 现代经济学的因果推断革命——2021 年诺贝尔经济学奖解读 [EB/OL]. 腾讯新闻. [2021-10-13]. https://new.qq.com/rain/a/20211013A00P7N00.

读书与收入这两个变量之间肯定是有关系的，难点在于谁是谁的因果。

要想解决这个难题，首先要在现实生活中准确识别出那些多读一年书的大量人群。

1991年，安格里斯特教授和另一位经济学家艾伦·克鲁格（Alan B. Krueger）在《经济学季刊》上发表了一篇文章[①]，他们选择一个人的出生季节或月份作为变量，把多读一年书对未来收入造成的影响与其他影响因素的作用区分开，再构造一个自然实验，从而干净地识别因果效应，并回答了"多读一年书会带来多少收入"这个教育和劳动经济学中的难题。

安格里斯特与克鲁格的变量选择得益于美国的义务教育法所创造的环境。

美国的义务教育法规定：当年年满6岁的儿童都需要在该年的9月份入学。也就是说，如果一个孩子的生日是12月31日，那么这个孩子需要和生日是当年1月1日的孩子一样，都需要在当年9月份入学。遵循这样的规定，下一年1月1日出生的孩子将比前一年12月31日出生的孩子晚一年入学。如此扩展一下，第一季度出生的孩子将比前一年第四季度出生的孩子晚一年入学。

据作者提供的数据，美国出生在第一季度的孩子入学时的平均年龄大约是6.45岁，而出生在第四季度的孩子入学时的平均年龄大约是6.07岁。

与此同时，美国的义务教育法还规定，青少年只有年满16岁时才可以离开学校，辍学回家。

也就是说，出生于1月1日的青少年，在他16岁那年的1月1日之后就可以辍学去工作了；而出生于12月31日的青少年，由于受到义务教育法的限制，需要上完他16岁那年全年的学才能合法地离开学校去工作。按季度估计，大约有25%的潜在辍学者仍在上学。这样一来，那些在第一季度出生的孩子比在第四季度出生的孩子理论上就可以少上将近一年的学。

以美国的义务教育法为实验的假设前提，研究人员把在16岁辍学的孩子分成

[①] Angrist, Joshua D, Krueger, Alan B. Does Compulsory School Attendance Affect Schooling and Earnings?. The Quarterly Journal of Economics, 1991, 106(4): 979-1014.

了两组：一组是生日在一年当中比较早的那些孩子，作为对照组或控制组；一组是生日在一年当中比较晚的孩子，作为干预组或处理组。极端的情况就是，假如有许多人都在16岁生日到来的那天辍学，那么，把1月1日出生的与12月31日出生的这两组人的未来平均收入进行比较，它们之间的差别就是多读一年书带来的收益。

安格里斯特和克鲁格通过将出生季节作为教育工具来估计预测义务教育对收入的影响是一种非常有效的"读书时间"辨识策略，因为出生日期不太可能与收入的决定因素相关。

基于这样的实验设计，两位经济学家分别搜集了美国20世纪20年代、30年代、40年代和50年代出生的孩子在1970年、1980年的收入信息。他们经研究发现，所得预测结果与通常的最小二乘法的估计结果非常接近，并且，那些被迫上学时间超过预期时间的人，在额外的教育中会获得可观的收入回报。

对于20世纪20年代出生的孩子来说，第一季度出生的人比其他三个季度出生的人少上了0.126年学，教育回报率要低0.7个百分点。对于20世纪40年代出生的孩子来说，第一季度出生的人比其他三个季度出生的人少上了0.109年学，教育回报率要低1.02个百分点。

这样一来，学者们通过统计学方法证明了"读书越多，收入越高"这个观点，并且给出了合理的解释。

9.3.2 高学历必然得到高工资吗

一个人是因为有高学历才得到了高工资，还是由于自身的聪明才智带来了更多的收入？

学习塑造未来，知识带来财富。这个说法不仅在美国适用，在中国也同样适用。

在中国就业市场上，一般来说，学历越高意味着学习的年份越长，学到的知识更多，更有机会找到收入更高的工作。

这个现象在我们的生活中的确存在。

我们来看一看深圳市的工资水平。

深圳市建立了人力资源市场工资指导价位制度，以全市当年度薪酬调查为基础，通过分析调查数据确定当年度人力资源市场工资指导价位，并且每年定期向社会公布。

2018年，根据深圳市公布的学历工资指导价位数据[①]，研究生（含博士、硕士）学历工资指导价位平均值为 12 389 元/月；本科学历工资指导价位平均值为 10 122 元/月；专科学历工资指导价位平均值为 8 059 元/月；高中学历工资指导价位平均值为 5 620 元/月；初中及以下学历工资指导价位平均值为 4 501 元/月。

到了2020年，深圳市公布的学历工资指导价位[②]数据显示，研究生（含博士、硕士）学历工资指导价位平均值为 15 429 元/月；本科学历工资指导价位平均值为 11 652 元/月；专科学历工资指导价位平均值为 9 372 元/月；高中学历工资指导价位平均值为 5 981 元/月；初中及以下学历工资指导价位平均值为 5 007 元/月。

具体情况如图9-2所示。

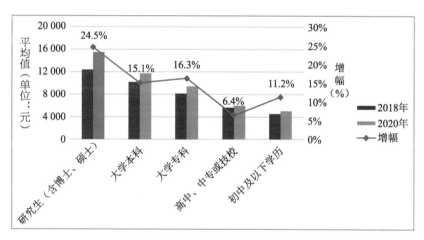

数据来源：深圳市人力资源和社会保障局

图9-2 深圳市人力资源市场学历工资指导价位平均值

---

① 2018年深圳市人力资源市场工资指导价位 [EB/OL]. 深圳市人力资源和社会保障局. [2018-09-13]. http://hrss.sz.gov.cn/gkmlpt/content/5/5526/post_5526828.html#1641.
② 深圳市2020年人力资源市场工资指导价位 [EB/OL]. 深圳市人力资源和社会保障局. [2020-12-14]. http://hrss.sz.gov.cn/gkmlpt/content/8/8343/post_8343566.html#1681.

从这组工资数据中我们可以发现：学历越高，工资指导价位平均值就越高。2018年，研究生的工资指导价位平均值是初中及以下文化程度的2.8倍，本科生的工资指导价位平均值是初中生的2倍。到了2020年，研究生的工资指导价位平均值是初中及以下文化程度的3.1倍，本科生的工资指导价位平均值是初中生的2.3倍。

另一个发现是学历较高的人的平均工资增长幅度也高于较低学历的人的平均工资增长幅度。如图9-3所示，研究生的平均工资从2018年到2020年增长了3 040元，两年内的增长幅度为24.5%；高中、中专或技校的平均工资从2018年到2020年仅仅增长了361元，两年内增幅为6.4%。仅从涨幅看，研究生的平均工资增长幅度是高中生的4倍多。

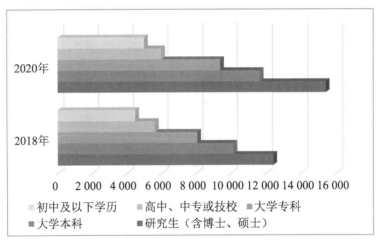

图9-3　2018年与2020年深圳市人力资源市场学历工资指导价位平均值

按照这个发展趋势，我们预测，未来几年深圳市学历较高的打工者的收入依然将高于学历较低的打工者；学历较高的打工者的工资涨幅也将高于较低学历打工者的工资涨幅。是高学历带来了较高收入吗？答案一目了然。

9.3.3 历史可能会重演

在进行统计预测时，通常需要事先做一系列前提假设。

确保这些前提假设的合理性对预测模型的应用有效性至关重要，也与预测结果的可靠性息息相关。违反这些假设可能导致预测结果不准确或无效。

统计预测的前提假设有许多种。这些前提假设可以是关于数据分布特征的前提假设，也可以是关于样本选取的假设、关于事件发展趋势的前提假设等。例如，假设样本之间是相互独立的，没有相关性，假设数据是随机产生的，假设数据点之间是相互独立的，假设数据服从正态分布（也称为高斯分布），假设数据集中的缺失数据是随机的、与其他变量无关，假设自变量和因变量之间存在线性关系，假设随机变量的方差是恒定的……

一项研究课题的假设数量取决于所使用的统计模型和问题的特定情况，具体数量不定。

当使用时间序列的方法来进行预测时，我们的前提假设就是：历史上发生的事件和趋势在未来也将会延续或重复发生。也就是说，统计预测不是凭空进行的，而是基于一些过去的经验和统计学原理。

基于时间的统计预测做的前提假设是：一个事件的发展是连续的，历史与未来之间没有本质差异，即未来的变化是基于过去的变化，并且没有剧烈的跳跃或突变。这样的假设使得我们可以通过分析过去的数据和模式来推断未来的趋势和行为，可以使用时间序列分析等方法来预测未来的趋势。

虽然这些假设在统计预测中起到了一定的简化和近似作用，但在实际应用中，我们需要意识到这些假设的局限性。未来与过去可能存在差异，事件的发展会受到多种复杂因素的影响，也可能在某个特定点上发生突变。因此，在进行统计预测时，我们应该结合领域知识、专家判断和灵活的方法更全面地应对不确定性和变化。

9.4 哪年是毕业生最难的就业季

2023年12月5日，教育部、人力资源社会保障部召开2024届全国普通高校毕业生就业创业工作视频会议。会议透露，2024届高校毕业生规模预计达1 179万人，同比增加21万人。

也许有的人会有疑惑，为什么2024年还没开始，教育部与人社部就发布了2024年的高校毕业生数据呢？难道这个数据是工作人员凭空杜撰出来的？或者，这两个部门的工作人员拥有神奇的预测能力，可以提前知道未来的事情？

实际上，教育部之所以能够提前发布2024年高校毕业生数据，是基于各种因素的分析和推测，包括过去年份的毕业生历史数据趋势、经济发展预期、就业政策调整等，从而预测未来的毕业生规模情况。这些预测可能并非完全准确，但作为参考指标，可以帮助政府、学校和学生提前做好相应的就业准备。

未来年份的高校毕业生数量可以通过很多种统计方法预测得出。它们都有一个类似的思路，就是基于历史数据计算出未来的趋势。

根据教育部公布的数据，全国高校毕业生人数一直都在增加，2020届有874万人，2021届有909万人，2022届有1 076万人，到了2023届，毕业生人数达到了1 158万人，如图9-4所示。

如果想知道2024年有多少高校毕业生，我们可以用简单移动平均法来进行预测。移动平均法是时间序列分析的一种，它可以用来平滑数据，根据过去一段时间内观测值的平均数来预测未来的值，找到其中的趋势。在这里，可以用来预测未来几年的毕业生人数。

移动平均通常有两种类型：简单移动平均和加权移动平均。简单移动平均是在给定时间段内，计算所有观测值的平均数。加权移动平均则给不同时间点的观测值赋予不同的权重，一般会更多地关注最近期的观测值。

这些移动平均方法的主要目的是平滑时间序列数据，并提供一个对未来值的预测。移动平均预测法的优点之一是它可以平滑序列数据中的噪声和波动，并捕捉到长期趋势。然而，它也有一些限制，例如无法捕捉到季节性变化，也无法捕捉到突发事件的影响。因此，在实际应用中，还需要结合其他预测方法和领域知识来进行综合分析和预测。

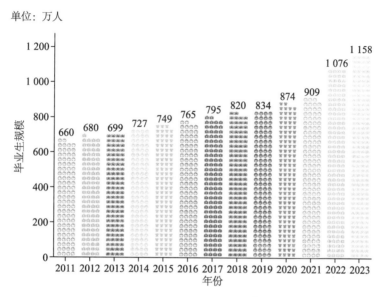

数据来源：教育部网站

图 9-4　2011—2023 年全国高校毕业生数量规模

在实际的时间序列预测中，常用的方法还包括自回归移动平均模型（ARMA）、自回归积分移动平均模型（ARIMA）、指数平滑法、神经网络等。

我们继续上面的未来年份毕业生人数预测。在简单移动平均预测的具体操作方面，首先，我们需要选择一个移动窗口的大小。这个窗口的大小决定了我们要选取多少年的数据来计算平均值。

那么应该选多大的窗口呢？

我们可以试试不同的窗口大小，看看哪个效果最好，也就是预测检验。通常来说，选择的窗口越大，数据的平滑效果就越好，但同时也可能会丧失一些细节。

比如，我们可以选择一个"三年窗口"，这样我们可以用过去三年的数据来预测未来三年的毕业生人数。先从 2011 年开始,选取窗口内的三年数据,也就是 2011 年、2012 年和 2013 年的毕业生人数。然后,我们求这三年的平均值。

接下来,我们把窗口向右移动一格,也就是选取 2012 年、2013 年和 2014 年的数据,再求平均值。然后,我们继续移动窗口,不断计算平均值。这样,我们就可以得到一系列的移动平均值,这些移动平均值代表了不同时间段的预测结果。

对要预测的目标年份的数值,我们可以用移动平均预测值来估计。

需要注意的是,移动平均法适用于近期预测,也就是短时间内的预测。

在实际工作中,我们不必自己动手一步步计算,可以借助一些常用统计分析软件来完成预测任务。例如,Excel 有一个强大且实用的功能即数据预测工作表,它基于历史时间数据来自动预测未来任一时间段内的数据,其中预测数据是用预测函数计算而得,是用指数平滑的思想做的。

例如,上面提到的 2024 年高校毕业生规模就可以通过统计分析软件轻松得到。在 95% 的置信区间,基于 2018～2023 年的高校毕业生人数估计,预计 2024 年毕业生规模将在 1 133 万(置信下限)到 1 331 万人(置信上限)之间,如图 9-5 所示。这个数据区间涵盖教育部、人力资源社会保障部发布的 1 179 万人。二者的预测结果比较一致,使用置信区间给出了一个相对准确的范围。

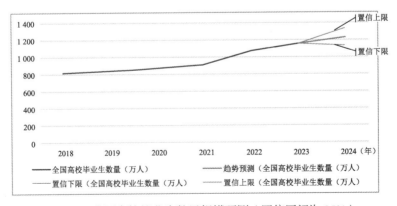

图 9-5　全国高校毕业生数量规模预测(置信区间为 95%)

9.5 篮球得分预测需要不断地调整

在阳光中学，一位名叫李明的学生非常喜欢打篮球。他对篮球的技巧掌握和赛场表现非常自信，认为自己在篮球方面是无敌的。

有一天，学校组织了一场篮球比赛，李明迫不及待地报名参加。比赛前，他决定通过统计数据来了解自己的竞争对手，并对比自己的实力，预测一下比赛的胜率。

李明找到了之前的篮球比赛记录，发现他的平均得分比其他队员高出许多。于是他得出结论，自己肯定比其他球员更强，取胜是不成问题的。

正式篮球比赛开始了。赛场上，李明充满自信地展现出他的篮球技巧，运球、传球、防守、突破、投篮等一气呵成。比赛结束后，李明意外地发现自己的得分并没有原本期望的那样高。相反，其他队员的得分却超过了他。

李明对此感到非常困惑，难道预测失误了？

他回顾了自己的统计数据、预测模型，发现自己忽略了一个重要的因素：比赛中的团队合作和防守。

尽管李明在得分方面表现出色，但他忽略了篮球是一项团队运动，个人能力并不能决定胜负。其他队员的团队合作可以让他们能够更好地组织进攻和限制对手得分。

单纯地依赖某队员个人的技能统计数据来预测比赛的胜负是不全面的。在篮球比赛中，团队合作和防守配合同样重要。显然，为了获取更科学准确的预测结果，需要对原来的预测模型进行调整，纳入更多的团队的配合和协作等相关参数和数据。

不断调整和改进预测模型和方法是预测领域的常见现象。在实际应用中，预测模型和方法通常需要根据新的数据、新的情境和新的技术进展等进行更新和调整。对重大事件尤其如此。

例如，对未来每一届美国总统大选的预测，虽然许多机构和专家都尝试了各种先进的预测方法并不断改进，考虑了民意调查、社交媒体数据、经济指标等更多的因素，以提高预测的准确性，以尽可能准确地反映选民行为和选举动态，但是，没有任何一种方法能够始终准确地预测选举结果，仍然需要不断调整修正。

这是因为选举结果受到众多因素的影响，包括候选人的表现、选民的态度和行为、突发事件、经济状况、政治气候等。这些因素的复杂性和不确定性使预测变得困难，也使选举结果具有一定的不确定性。尽管如此，预测选举结果仍然具有重要的价值，可以提供有价值的洞察和概率预测，并对政治分析和决策有所帮助。

同理，虽然我们可以通过统计模型和数据进行预测，但任何预测结果都可能存在误差和不确定性，未来的发展也仍然受到许多不确定因素的影响。所以，我们需要保持谨慎和理性，不断学习、改进和创新，以更好地预测未来。

9.6　人工智能技术使统计预测更准吗

有一部分人认为，预测结果准不准不在于统计预测本身，而在于使用统计预测的人。他们认为，统计分析员在数据收集、模型建立、参数估计和结果解释等方面具有的经验水平越是丰富、熟练，就越是能够提供更准确的预测结果。

按照这种思维逻辑，在现代统计技术的发展中，包括人工智能和机器学习等新技术的应用对统计预测产生了深远的影响。这些技术通过处理大数据和自动学习模式，能够发现复杂的关联和模式，从而提供比传统人工统计分析更加准确快速的预测结果。甚至在某些场景下，人工智能技术已经展示出超越人类经验水平的能力。

9.6.1　将曾经的不可能变为可能

2023 年底，一则"亿万富翁找回失散 25 年儿子"的话题引起了全网的热烈关注[①]。这个结局令人们既激动又振奋！

---

① 亿万富翁找回失散 25 年儿子，背后的人脸识别技术太牛了 [EB/OL]. 科普中国. [2023-12-06]. https://mp.weixin.qq.com/s/XDCHARjDmofZ0DrO8-SLzA.

令人激动的是，失散父子历经万难终团聚；令人振奋的是，科技给大众带来福祉，将许多原本不可能的事情变为可能。

1998年腊月，河北省邢台市的解克锋仅3个月的二儿子解清帅在家中被人偷走，自此解克锋一家开启了漫长的25年的寻子之路。

历经25年变迁，已经物是人非。婴幼儿的脸型随着年龄的增长变化显著，尤其是20多年后的面容肯定发生了巨变。谁能记住被拐孩子当年的样子，谁又能想象分辨出被拐孩子如今的模样？

功夫不负有心人。经过不懈寻找，解克锋终于在25年后一家团聚。

这简直不可想象！

这样巨大挑战的寻亲之路是怎么办到的呢？

1. 寻亲的功臣：人脸识别技术

在寻找被拐的解清帅的过程中，人工智能和大数据技术可谓立下了大功，尤其是人脸识别技术。

人脸识别技术是人工智能技术之一，它是一种用于识别和验证人脸身份的技术。

人脸识别技术虽然已经有半个多世纪的历史，但它真正进入高速发展阶段、渗透到生活的各个领域也只是最近十年左右的事情。早期科学家们开发的人脸识别准确率有限。到了2010年前后，基于卷积神经网络的深度学习技术，让人脸识别技术出现了飞跃。

2014年Facebook（现Meta公司旗下产品）的DeepFace人脸识别系统已经能达到97.35%的准确率，与人类的识别准确率相差无几；同年6月，香港中文大学汤晓鸥实验室发表DeepID系列算法，逐步将人脸识别准确率提升至99.55%。2015年谷歌提出FaceNet，在一些数据库里的人脸识别准确率更是达到了99.63%。

如今，人脸识别技术在跨年龄人脸识别、面部有遮挡情况下的人脸识别准确率越来越高。

2. 预测出被拐孩子的模样

人脸识别技术通常不是用于统计预测，但是它使用了一些统计方法。

通过大数据技术，被拐孩子及其父母与亲属的脸部数据被汇聚录入专有数据库。公安部门或有权限人员只要在数据库中输入丢失的孩子的父母、兄弟、姐妹的几张照片数据，该系统就能生成被拐孩子的脸，而且是不同年龄阶段的模样。然后，通过大数据锁定相似的脸，以及通过DNA比对，就可以找到失散多年的亲人。即使亲人的模样随着年龄或环境发生了很大变化，使用这个技术也可以匹配成功。

关键的问题是，被拐孩子的脸是怎么被计算机生成的呢？

事实上，这里的人脸生成就是基于遗传关系造成亲属面部相似性的前提假设，也就是遵循亲属之间的人脸特征相似性会相对较高这一规律来进行预测，从而得到被拐孩子的相关脸部特征，最终生成被拐孩子的模样图片。

这些统计预测方法在人脸识别技术中的应用是基于已有的数据和模型，它们依赖于大规模的训练数据和合适的特征提取方法，以及有效的统计模型和算法而生成。

在人脸属性预测方面，涉及对大量具有已知属性的人脸图像进行训练，如年龄、性别、表情等，利用统计模型和机器学习算法来对人脸图像中的特征进行分析，并使用机器学习算法来构建模型，然后将模型应用于新的人脸图像，以预测其相关属性。

用于对人脸数据进行建模和分类的统计学方法包括主成分分析（PCA）、线性判别分析（LDA）、支持向量机（SVM）、隐马尔可夫模型（HMM）和高斯混合模型（GMM）等。

主成分分析和线性判别分析是基于统计学的降维技术和特征提取方法，用于减少人脸数据的维度并捕捉最相关的特征。支持向量机通过构建最优的超平面来实现分类。隐马尔可夫模型和高斯混合模型则是基于概率统计的模型，用于建模人脸数据中的时序信息和分布特征。

3. 预测孩子长大后的样子

在人脸年龄预测方面，通过统计方法可以使用人脸图像中的特征来预测人的年龄。这涉及对具有已知年龄的人脸图像进行训练，并使用回归分析等统计方法来构建模型，以预测新目标年龄的人脸图像。

跨年龄人脸识别技术作为人脸识别中的细分领域之一在寻找被拐孩子方面屡次立功，主要源于其在因衰老导致的面部特征变化对人脸识别技术的准确性的影响上有所突破。现在可以通过预测一个人不同年龄阶段的脸部样子来解决跨年龄寻亲这个人眼难以做到的长久难题。

目前已有机构研发出"跨年龄同亲缘人脸比对算法"[1]，例如格灵深瞳公司等。该算法基于遗传关系，亲属之间的人脸特征相似性会相对较高这一规律，会筛选出相关性较高的疑似者，并且对这些面容疑似者进行赋分排名，大幅度提升了寻亲的整个效率。

基于"跨年龄同亲缘人脸比对算法"构建了人脸识别模型，模型通过大量的样本训练，不仅能够捕捉人的细微特征和相似之处，而且能够利用不同年龄段样本生成不同人不同年龄段的人脸图像。据称，在公安部治安管理局亿级人像算法测试中，1∶1人像比对测试万分之一误识率下的通过率为99.97%。

此外，上海交通大学特聘教授马利庄团队构建了跨时域人脸检索与分析系统，与腾讯优图合作研发了跨年龄人脸识别技术，该技术提取了人身上不会改变的特征，从数据中学习人脸自然的跨年龄变化规律，在毫秒级时间内便可完成千万级人脸检索，大大提高了人脸匹配的精准度和速度。

甚至，人脸识别技术可以通过分析人脸表情来预测人的情感状态，如快乐、悲伤、愤怒等。这通常通过使用统计模型和机器学习算法来训练情感分类器，并根据人脸的表情特征进行预测。

---

[1] 几张照片帮解克锋找回被拐25年的儿子，技术让寻亲不再"大海捞针"[EB/OL]. 腾讯网. [2023-12-05]. https://new.qq.com/rain/a/20231205A06YEP00.

4. 做到了曾经做不到的预测

统计学方法为人脸识别算法提供了坚实的基础支撑，助力人工智能技术完成了人类以前无法做到或不可想象的预测任务。

还记得那个曾经大火的 ChatGPT 吗？它就是被编程为根据训练它的数据集和从用户那里收集的信息来预测文本中的下一个单词，来和用户进行友好亲切聊天的。这个聊天机器人能够为用户提供智能、个性化和人性化的对话体验，满足用户的倾诉需求，并与用户建立良好的交互关系。它有如一个先知朋友，比用户自己更懂用户！

那么，按此趋势发展下去，基于人工智能技术的统计预测会变得越来越"准确"吗？

并非如此。这个答案可能让很多人觉得有点遗憾。因为在丰富多彩的现实世界里，准确预测并非总是那么容易，即便是使用如今先进的人工智能技术。

9.6.2 大数据助力现代预测

统计预测是基于历史数据进行的。使用的预测数据越多，预测结果越接近总体上的真值。

在多源异构数据急剧增长膨胀的今天，企业的各种运营和战略，甚至社会的运行都是建立在数据驱动之上。大数据技术的发展不仅能使我们收集和处理更多的数据，为统计预测提供更加丰富的信息来源，大大提升预测结果的准确性；而且可以处理多种类型的数据，如结构化数据、非结构化数据、文本数据、图像数据等。这使统计预测可以更好地应对复杂问题，拓展预测的应用领域。

大数据技术还提高了数据处理速度，使统计预测可以更快速地完成。这对时效性要求较高的预测场景，如实时天气预报、金融市场的实时分析等具有重要意义。

数据在统计预测中的重要作用是毋容置疑的。数据本身的准确性、完整性和可靠性影响着预测结果的准确性。没有数据支撑的统计预测是不科学的，预测结果的准确性也不能令人信服。当然，数据本身并不是万能的。尽管大数据提供了更多的数据来源，但数据本身可能存在偏差或不完整等缺陷。

数据在实事求是地说话！

9.6.3 人工干预相对少

除了高质量的数据支持，统计预测也需要基于适当的模型构建，并结合领域专业知识对预测结果进行合理解释和判断。这里，就不可避免地需要人类的参与。

人类既然参与，也就不可避免地可能带有一些个人的主观偏见，或者带有一点情感、情绪。再加上人类自身认知有限，便可能对预测结果造成影响。

人工智能技术可以自动从数据中提取有用的特征，减少人工干预的程度，还可以更高效地优化预测模型，使我们可以构建更复杂的预测模型，如深度学习、神经网络等。

这些人工智能模型可以捕捉数据中的非线性关系，并且迅速通过自动调参、模型融合等手段提高预测结果的准确性。所构建的这些预测模型还具有较高的预测泛化能力，使过度拟合达到最小化，在新的数据集上的预测任务也能表现良好。

大数据与人工智能技术相结合可以提高预测结果的可解释性。例如，通过可视化技术展示预测模型的决策过程，或利用自然语言处理技术生成易于理解的预测报告。在这个过程中，也减少了人工干预程度。

大数据与人工智能技术对统计预测产生了积极的影响，提高了预测的准确性、可靠性和实用性。在未来，随着大数据和人工智能技术的不断发展，统计预测有望在更多领域发挥更大的作用。

9.6.4 始终保持批判性

虽然大数据和人工智能技术给统计预测带来了许多好处，但它们也可能带来一些负面影响，如导致数据泄露、滥用、或侵犯个人隐私权的风险，以及会放大人为偏见和不平等对待等，导致对某些群体的预测结果不公平或不准确。

我们需要认真对待这些负面影响，并采取相应的措施来减轻或解决。例如，要确保数据的质量和隐私保护措施，进行合理的模型验证和选择，以及监管和伦理框架的制定等。过度依赖大数据和人工智能技术会导致人们盲目地相信预测结果，而忽视其他重要因素和人类专业知识，进而导致错误的决策。

因此，我们需要保持对预测结果的批判性思维，结合领域知识和专业判断，将统计预测作为决策支持的一个参考，而不是唯一的依据。统计预测的准确性需要在理论、数据和实践的不断发展中进行评估和改进。

在现实世界中，统计预测的准确性仍然受到多种因素的制约。尽管新技术的应用提供了更强大的工具和方法，但作为人类，我们仍需要谨慎对待预测结果，并结合其他信息和领域知识进行判断和决策。